スモールビジネスの創造とマネジメント

東洋大学経営力創成研究センター 編

Research Center for Creative Management,
Toyo University

学文社

執 筆 者 <small>(執筆順)</small>

柿崎　洋一　東洋大学教授 ———————————————————— (第1章)
　　　　　　東洋大学経営力創成研究センター
　　　　　　プロジェクト・サブリーダー

松村　洋平　立正大学教授 ———————————————————— (第2章)
　　　　　　東洋大学経営力創成研究センター客員研究員

小嶋　正稔　東洋大学教授 ———————————————————— (第3章)
　　　　　　東洋大学経営力創成研究センター
　　　　　　プロジェクト・サブリーダー

小椋　康宏　東洋大学名誉教授 —————————————————— (第4章)
　　　　　　東洋大学経営力創成研究センター顧問

董　　晶輝　東洋大学教授 ———————————————————— (第5章)
　　　　　　東洋大学経営力創成研究センター研究員

井上　善海　東洋大学教授 ———————————————————— (第6章)
　　　　　　東洋大学経営力創成研究センター長

幸田　浩文　東洋大学教授 ———————————————————— (第7章)
　　　　　　東洋大学経営力創成研究センター
　　　　　　プロジェクト・サブリーダー

小野瀬　拡　駒沢大学教授 ———————————————————— (第8章)
　　　　　　東洋大学経営力創成研究センター客員研究員

今井　雅和　専修大学教授 ———————————————————— (第9章)
　　　　　　東洋大学経営力創成研究センター客員研究員

まえがき

　東洋大学経営力創成研究センターは，平成16年度に「私立大学学術研究高度化推進事業」の認可，平成21年度に「私立大学戦略的研究基盤形成支援事業」の認可を受け，都合10年にわたる研究活動を行ってまいりました。そして，平成26年度には「私立大学戦略的研究基盤形成支援事業」の再認可を受け，統一テーマ「スモールビジネス・マネジメントの創造と国際的企業家育成の研究」のもと，新たな研究活動を展開しております。

　本研究センターでは，「スモールビジネスの創造とマネジメント変革」「スモールビジネスの創造と国際的企業家育成」「国際的企業家精神とベンチャービジネス・マネジメント」の３つの研究グループを組織し，研究グループごとの研究会や海外・国内企業調査等を実施しています。その研究成果は，年３回開催する定例シンポジウムや年報『経営力創成研究』などで公開しています。

　今回，事業認可から３年経過したことから，本研究センターの研究活動の中間成果物の一つとして本書を出版することになりました。本書は，本研究センターの研究員および客員研究員による３年間にわたる共同研究の成果を，国内外の企業の経営実践家および研究者に対し発信することを狙っています。

　本書は，第１章から第９章にわたって９編の論文で構成されており，いずれも統一テーマ「スモールビジネス・マネジメントの創造と国際的企業家育成の研究」に関わるものです。また，資料として，「スモールビジネスの創造とマネジメント」に関するアンケート調査の分析結果と本研究センターの概要を収録しております。さらに，本研究センターの概要を添付しております。

　今後は，最終年度に向けて，われわれ研究員一同，研究目的達成のためさらなる共同研究を進めてまいりますので，これまでと変わらぬご支援をよろしく

お願い申し上げます。

　最後に，本研究センターの研究活動にご協力いただきました関係者各位にお礼を申し上げます。また，本書の出版に関しご尽力いただきました，学文社の田中千津子社長様に厚くお礼申し上げます。

　2017年2月5日

東洋大学経営力創成研究センター

センター長　井上　善海

研究概要

1．研究目的

　経営実践学の視点から，「スモールビジネス・マネジメントの創造と国際的企業家育成の研究」をテーマに，国際的企業家，国際的企業家精神をもった企業家に率いられたスモールビジネス・マネジメントの経営実践原理を明らかにすることを研究目的とする。

　国際的企業家，国際的企業家精神をもった企業家に率いられたスモールビジネスが，社会・経済から期待された役割を果たすためには，従来の経営学の殻を打ち破る新しいスモールビジネスのマネジメントが必要であり，本研究ではその経営実践原理を探求する。

2．研究プロジェクトの学術的特色

　本研究はスモールビジネスのマネジメントに焦点をあて，企業家を目指す成長速度によって，職人企業家，機会主義的企業家，ベンチャー企業家に分類する。さらに企業形態と社会的・経済的役割からマイクロビジネス，ライフタイムビジネス，ライフスタイルビジネス，ベンチャービジネスに分類し，財務的裏付け，投資に対するインセンティブへの反応から分類した上で，以下の3つのプロジェクト研究に取り組む。

　第一プロジェクトは，技術力をもったマイクロビジネス，日本発ベンチャー企業家の経営力創成，日本的経営を基礎にして国境を意識することなく活動する国際的企業家，の3つの視点からスモールビジネスのマネジメント力の研究

を行う。そして，わが国のライフタイムビジネスのマネジメントを変革し，継続性を実現することによって，スモールビジネスの発展がわが国の成熟経済を変革する力をもつことを示す。

　第二プロジェクトは，アジアを起点とするスモールビジネス企業家の視点から，スモールビジネスの事業継続性と発展を研究する。この視点には日本のスモールビジネスとの連携を目指す海外企業経営，海外展開を目指す中小企業者の双方を研究の対象とする。研究対象となるアジアの地域は，中国だけでなく，ミャンマー，インドネシア，タイ，ベトナムの経営者を対象とする。

　第三プロジェクトとして成長・発展の原動力として投資を獲得できる魅力を持ったベンチャー企業と国際的企業家育成について，EU，米国，アジア，日本の国際比較を行うことによってスモールビジネスの創造と国際的企業家育成について研究する。

　以上，３つのプロジェクトの研究活動に学術的特色をもつ。

（平成26年度私立大学戦略的研究基盤形成支援事業構想調書より抜粋）

目　　次

第1章

スモールビジネスと CSR

1. はじめに

　企業は，市場経済体制のもとで，営利的な生産組織として概念づけられる。そこでは，企業の目的は営利であり，その実現のために生産活動を組織的に営むことになる。そして，企業が営む生産活動は市場によって評価され，社会の発展に貢献することになる。しかし，企業の発展が単に経済的な問題だけでなく，社会問題や地球環境問題を含む持続可能な発展を意味する時代へと進んでいる。今や，企業は，持続可能な社会を前提とする営利的な生産組織として再定義されるのである。このような持続可能な社会における企業は，企業規模の大小にかかわらず，新たな社会における役割を認識し，行動に反映させることが求められるのである。こうした動きは，ISO14000（環境マネジメント），ISO26000（社会的責任）や GRI（統合報告書）などの CSR の国際標準の登場によっても，知ることができるのである。

　企業の社会的責任については，大企業における取り組みが取り上げられることが多かったが，今日では中小企業の CSR にも関心が向けられるようになってきた。そこには，CSR という概念の変化，その変化が企業の存立を左右することも理解されるようになってきたといえる。ここでは，経営学の立場から中小企業における CSR への取り組みの意義と特質を明らかにする。なお，ここでは，先行研究，資料との関係でスモールビジネスと中小企業をほぼ同義として理解している。

２．企業の社会的責任の認識進歩

　今日では，企業の社会的責任（CSR : Corporate Social Responsibilty）だけでなく，組織一般を対象にした社会的責任（SR : Social Responsibilty）に関する国際的な取り組みがなされる時代になった。したがって，企業の社会的責任は，組織の社会的責任の一形態として理解される。

　社会的責任（SR）は，「組織に焦点を合わせたもので，社会及び環境に対する組織の責任に関するものである。社会的責任は，持続可能な発展と密接に結びついている。持続可能な発展は，すべての人々に共通の経済，社会及び環境に関する目標であるから，責任ある行動を取ろうとする組織を考慮に入れる必要がある」（日本工業標準調査会審議　2012：15）と説かれるのである。経営（マネジメント）も企業に限定されない概念であり，SR マネジメントが問題となる。しかし，このことは，企業以外の NPO，地方自治体，国などのあらゆる組織で求められることになる。ここでは，我々の経済社会を支える企業の社会的責任，とくに中小企業の社会的責任を取り上げる。そこには，大企業に比べて中小企業における CSR の問題が SR の認識進歩によって関心が高まっているからである。同時に，企業にとって，これまでの企業間だけでなく，その他の組織体との CSR 連携の可能性が高まっている。とりわけ，中小企業における CSR 活動を深化させる身近な連携も可能な時代といえる。

　ここでは，企業の社会的責任を「持続可能な発展」という視点から，環境的側面，社会的側面そして経済的な側面を総合した社会的責任の考えを採用する。これにより企業の社会的責任に関する狭隘で個別的，事業無関連と位置づける認識を進展させることができるからである。

　今日の企業活動は，地球環境問題，社会問題と隔離した状況では十分な経済的な成果を達成することができない。むしろ，企業の社会的責任は，経済問題，環境問題，そして社会問題を包括的に理解することで新たな企業活動へと導くことになる。このような企業の社会的責任は，「持続可能な発展」に貢献する

企業活動に意義を与えるものである。確かに，「持続可能な発展」は，具体的な企業活動との間に，隔たりがあり，企業活動の原理として十分に機能しないとの指摘もみられる（Porter & Kramer 2006：82）。統合的なCSRの認識は，企業報告書に関する調査にも端的に示されている。「世界各国の企業の社会的責任に係るレポーティングに関する統計（2013年11月時点で170ヵ国10,500社以上）によると，21世紀に入ってから『サステナビリティ（Sustainability）レポート』の比率が拡大している。この統計では，『サステナビリティレポート』は非財務要因が企業の業績にどのように影響を与えるのかという内容が基本的に示されているレポートであるとされている。したがって，企業のレポーティングの傾向から推察すると，21世紀に入ってから企業がCSRを事業活動に組み込む比率が拡大しているものと考えられる」としている[1]（経済産業省　2015：13）。そこでは，環境報告からCSR報告，環境と健康・安全・地域報告，統合報告への移行が2000年以降に急速に浸透している。もっとも，そこには，GRI（Global Reporting Initiative），ISO26000やUNGC（The United Nations Global Compact）などCSR報告の国際的な標準化の進展が影響していると考えられる。

　企業における社会的責任の経営的な位置づけは，その重要性が認識されているものの，財団の設立，寄付そして社会活動への従業員の参加といったボランティア的な理解から，社会の一員として個人と同じく法的な規制を順守すること，つまりコンプライアンス（compliance：法令順守）までさまざまである。これらの社会貢献活動や法令順守は企業の社会的責任として重要な責任であり，今日でも変わることはない。しかし，企業は営利的な生産組織であり，その生産活動により人間社会の生活に必要な財貨やサービスを提供するという責任も企業の社会的責任の基本的部分をなすことも明らかである。この意味では，これまでの企業の経営は，経済的な利潤を目的とする生産活動を核として，その他の社会的責任を補足的な部分として位置づける傾向にあったと考える。

　企業の社会的責任に関しては，地球環境問題とともに，社会問題への企業のかかわりが問われている。企業は経済組織体であり，会社という法律上の人格

を持つもので，自然人とは異なる。しかし，市民と同様に法律を順守しなければならない。さらに，市民と同様に，社会活動にも参加することもある。とりわけ，地域社会との関係では，地域社会の発展に貢献することも求められる。このような社会的な性格を自覚して，企業は寄付，慈善事業などを通じて社会貢献をしてきたし，社会的責任としても理解してきた。しかし，今日の企業をめぐる社会の変化は，地球環境問題にとどまらず，社会的な問題の解決へのより積極的なかかわりを求めるようになってきた。企業活動が国際化するにしたがって，国際的な対応が求める貧困，人権，教育そして健康・福祉など多様で複雑な社会的な問題解決への取り組みが企業の評価（ISO26000，GRI，UNGCなど）に組み入れられるようになった。

　企業の社会的責任に関する議論は，理論的にも実践的にも，コスト／リスクの最小化という視点から機会の最適化という視点へと展開している。図表1-1に示されているように，積極的（能動的）に社会的な課題に取り組み製品とサービスのイノベーションを推進する企業のソーシャル・イノベーション（Social Innovation）が関心を集めている（Schmidpeter 2013；Osburg & Schmidpeter 2013）。このように企業の社会的責任は，法令順守（社会的ルールなどを含む）を意味するコンプライアンス，そして事業や戦略に無関係な社会に資するフィランソロピーなどからなる受動的な活動がある。もちろん，コンプライアンスは，社会の一員としての企業にとって当然の社会的責任であり，社会的変化による各種の新たな諸規制に対応することが常に求められる。これらの受動的な社会的責任は，これまで企業にとってリスク・コスト要因として位置づけられてきた。

　これに対して，今日，事業機会としてのCSR，戦略的なCSRさらに共通価値の創出といった事業の一部，そして事業の戦略的，中核的部分，さらに事業それ自体へと企業の社会的責任が位置づけられる能動的な活動が注目されている。そこでは，企業の社会的インパクトと企業価値の2つの軸で企業の社会的責任を位置づけるとともに，社会変革への貢献と市場の創出という視点から評

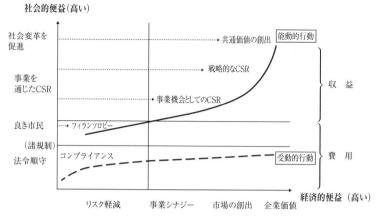

図表1-1　社会的責任の概念的枠組み

出所）Porter, M. E. & M. Kramer（2002：5），Intel（2014：9），Militaru, Gh. & S. Ionescu（2006：96）を基に筆者作成。

　価し，展開している。とくに，リスク軽減と良き市民を特徴とする段階，事業シナジーと戦略的なCSRを特徴とする段階，そして市場の創出と社会変革の促進を特徴とする段階という企業の社会的責任の展開は，受動的な活動から積極的な活動への移行に沿ったものと考えられる。

　このように企業の社会的責任に対して先進的に取り組む企業では，企業の社会的責任に関する明確な概念的な枠組みを構築し，エコ・イノベーションやソーシャル・イノベーションをビジネス・イノベーションに組み入れ，企業戦略そして業務活動への統合が企業価値を高めるうえでも重要な経営課題となっていることを示している。

3．中小企業における CSR の特質

　中小企業は，大企業に比べて規模が小さく，社会的責任能力（期待に応える能力）が十分ではない。また，中小企業のCSRは，大企業のように構造化され，

システム化されているわけではない。したがって，中小企業における CSR は，対応するための責任能力（人的資源，資金，時間など）の不十分さが取り上げられることになる。しかし，企業の社会的責任における認識の進歩は，企業のみならずあらゆる組織体や市民活動へと広がりをみせているとともに，あらゆる生産活動の中に組み込まれる傾向にある。したがって，中小企業も例外ではなく，多様化し，システム化する企業の社会的責任活動にかかわることになる。

　さて，中小企業における CSR の特質は，ISO26000では SMO（Small and Medium-sized Organizations）における SR の問題として取り扱われている。

　「SMO への社会的責任の統合は，実用的，単純かつ費用効果の高い行動で行うことができ，複雑だったり費用のかかるものである必要はない。SMO は，規模が小さく，より柔軟性があって革新的である可能性が高いことから，社会的責任を果たす上では，実際のところ特別によい機会を生むかもしれない。

　SMO は一般に，組織のマネジメントおいて，より柔軟性があり，地元のコミュニティと密接なつながりがあることが多く，通常，経営層はその組織の活動に対して，より直接的な影響力をもっている」（日本工業標準調査会　2012：14）。ISO26000の SMO は，中小企業に限定していないが，営利事業という性格を除けば同じ特質と課題を持っているといえる。ISO26000では，CSR の中核主題として，① 組織統治，② 人権，③ 労働慣行，④ 環境，⑤ 公正な事業慣行，⑥ 消費者課題，⑦ コミュニティへの参画及びコミュニティの発展を掲げている。

　そして，特に中小規模の組織については，その特質に基づいて，次の事項を行うべきであるとしている（日本工業標準調査会　2012：14）。

　①SMO においては，内部管理の手順，ステークホルダーへの報告，その他のプロセスが大規模な組織よりも柔軟で形式ばらないものであるかもしれないことを考慮に入れる。ただし，適切なレベルの透明性を維持する必要がある。

　②7つの中核主題の全てを確認し，関連性がある課題を特定するときに，中

核主題の　全てがあらゆる組織と関連性があるが，必ずしも全ての課題があらゆる組織に関連性があるわけではないであろうことを認識しつつ，その組織自身の背景，状況，資源及びステークホルダーの利害を考慮に入れるべきであることに注意する。

③ 持続可能な発展にとっての最大の重要性を持つ課題及び影響に最初に焦点を合わせる。SMO は，残りの課題及び影響についても，時宜を得た取り組みの計画を立てるべきである。

④ 関連政府当局，集団組織（業界団体，統括組織，同業組織など）及び国家標準化機関の支援を求めて，この規格を活用するための実用的な指針及びプログラムを作成する。このような指針及びプログラムは，その SMO 及びそのステークホルダーに特有の性質及びニーズに合わせて作成すべきである。

⑤ 資源を節約し，行動する能力を強化するために，適宜，単独ではなく，同業者及び業界団体と共同で行動する。

　さらに，中小企業の CSR の特質としては，① 重要な SR 課題に取り組む決断のスピード，② 軽いフットワーク，③ 社員への浸透，社員からの提案が挙げられ，経営者と社員の距離を努力次第で身近なものにすることができるとしている。このことから，中小企業独自の CSR 実践が考えられているのである。また，重要な SR 課題に取り組む決断のスピードに関しては，中小企業における SR の実践は多くの場合経営者自身によって牽引されていること，ステークホルダーとの距離が近いこと，事業展開と何らかの点で密接な影響を持つ領域に絞り込むという判断が不可避であることが理由として挙げられている（日本規格協会　2009：17-19）。

　また，中小企業の CSR 課題のうち重要性が高まっているのは，「より良い製・商品，サービスを提供すること」（48.1％）の比率が最も高く，これに「法令を順守し，倫理的行動をとること」（43.7％）が続いている。第 3 位には「地球環境の保護に貢献すること」（31.5％），第 4 位は「自社が所在する地域社会の発

展に寄与すること」(22.6%) となっている (商工総合研究所　2012：32-33)。

　中小企業の CSR は，基本的にコンプライアンスという CSR の基盤部分と経済的成果の部分が中心となり，環境問題，地域社会といった個別的な課題が位置づけられている。さらに，「企業の社会的責任 (CSR)」に取り組んだことによるデメリットは，「コストの増加」(63.1%) の比率が最も高く，唯一過半数に達している。これに，「人手の不足」(39.5%)，「経営・事業活動の自由度の低下」(24.7%) 等が続いている (商工総合研究所　2012：108)。

　中小企業における CSR の特質は，中小規模の組織の特質に営利経済原理を加えたものである。したがって，中小企業の CSR は，受動的な CSR 活動から，いかにして能動的な CSR への移行を模索するかにかかっている。能動的な CSR のうちに中小企業が新たな展開可能性を見いだすには，事業機会としての CSR，事業の中核課題としての CSR（戦略的な CSR）そして共通価値の創出としての CSR へとその可能性を探索することが求められていると考えられる。

4．中小企業の競争力としての CSR

　中小企業における CSR は，中小規模の組織の特質であるより柔軟性があって革新的である可能性が高い点で企業競争力となりうる。さらに，中小規模の組織は，地域社会との接点が緊密で，経営者も地域の課題に接することが少なくない。

　さらに，「地域課題は，日頃から地域に根ざした事業活動を行う中小企業・小規模事業者が身近に感じることができる課題であり，大企業には捉えることができないニッチなものも多いため，日常の事業活動で構築した『顔の見える信頼関係』をより積極的に活用していくことで，新しいビジネスの可能性はより見えてくると考えられる」(中小企業白書　2014：447) とされる。「地域課題が見付かったならば，次に中小企業・小規模事業者が自らの強み・弱みを踏まえた上で，自らの事業の延長線上で，すなわち事業として取り組めるかどうか

を考える。…ここで重要なことは，地域課題の解決を一つの目的とするこのビジネスモデルには，大企業はまず参入してこない，参入が困難であるということである」（中小企業白書　2014：447）。

　中小企業の経営者は，現場に近く，地域との緊密な関係を形成しうる立場にある。さらに，組織対組織という組織間関係にとどまらず，地域の人的なネットワークを形成することができる。この意味で，中小企業では，組織的な視点だけでなく，人的なネットワークを形成，活用し異業種からの CSR に関する知識，実践経験に触れることが重要であると考える。合わせて，経営者のリーダーシップが CSR の実践で重視されることを考慮すれば，その意義は小さくない。

　また，規模が小さく，コスト負担が難しい中小企業が競争力を持つには，特化した技術・製品力，組織の柔軟性・スピード，そして地域性を生かした CSR の実践が不可避である。CSR の視点は，従来の経済的な関係枠にとどまらず広い視点から現在の活動を見直すことである。つまり，地球規模で考え，地域で実践するということである。実践の基盤は地域にあるが，その実践価値を CSR の枠組みによって見直すことで，新たな価値（共通価値）を見いだすことにある。こうした試みは，企業規模にかかわりなく必要である。ただし，中小企業は地域実践について大企業より優位な位置を作り出す基盤がある。したがって，地域実践の優位性を生かす工夫と地球規模（広くオープン）で考える工夫が不可欠である。

　これまでの地域同業種から地域異業種へ，また地域市場から広域市場への展開などの新たな試みを組織というより，経営者や従業員の人的なネットワークの展開として生かすことが中小企業では求められる。もとより，地域異業種には，中小企業だけでなく，NPO，NGO，自治体，大学，住民などこれまでとは異なる発想によるネットワーク作りが求められているのである。地域のステークホルダーとの連携を強化し，地域の多様な人材を包括的に組み込んでいくということである。

　そして，地域異業種には，中小企業だけでなく，NPO，NGO，自治体，大学，住民などのこれまでとは異なる発想によるネットワークを図表1-2のような価値フローとして捉えることも必要である。この事例は，フィリップス（Royal Phillips）のシティファームソリューション，つまり有機植物工場における企業と社会の共通価値を踏まえたイノベーションのために提示されたものである。もとより，中小企業それ自体だけでなく，NPO，NGO，自治体，大学，住民などの価値も多様である。したがって，中小企業の経営者は，自社が創出する価値だけでなく地域のステークホルダーなどとの連携を通じて，能動的なCSRへの展開可能性を見つけることが求められるのである。

　このように，ステークホルダーや地域と連結した価値フローには個人もいれば組織もあり，多様性がある。個人の価値，組織の価値など実に多様な価値がモデルに取り込まれているのである。それも，ある主体が意図的に設計するというよりも，それぞれの主体がそれぞれの意味を獲得しながら関係を構築して

図表1-2　価値フローモデル

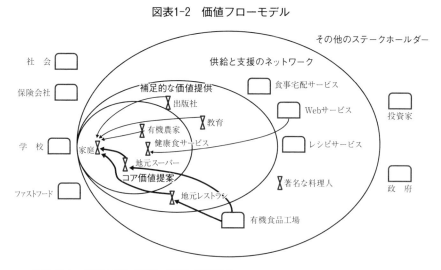

出所）Ouden（2012：176）を簡略，加筆して筆者作成。

いる点が重要である。主体間，資源間，情報間などの多元的な関係性が特徴として理解されている。この意味で直接的な取引関係といった直線的な志向ではなく，それぞれが意味のある関係を作り上げている点に着目し，そこに新たな価値を加えて製品やサービスを作り上げていくという考え方が最も重要である。

　地域を対象としたビジネスを展開し，さらに，今日の情報化の進展から，地域以外での情報発信，情報収集も広域市場と接する意味では必要である。環境・社会課題を解決することを事業の経営視点に組み込み，既存事業を見直し，さらに潜在的な市場を開拓し，何よりも中小規模組織の利点である柔軟性，スピードを生かすこと，そのためには方針の策定から現場までかかわる経営者リーダーシップの発揮が大切である。

5．中小企業の CSR とイノベーション

　今日，企業は，イノベーションが経済的な展望に基づくだけでなく，地球環境問題や社会問題の解決につながることを理解しなければならない。また，地球環境問題や社会問題の解決に向けた企業のイノベーションが新たなビジネスチャンスを生み出すことも理解しなければならない。いずれにしても，経済的な展望，環境的な展望そして社会的な展望を企業の社会的責任に組み入れることが持続可能な発展に貢献することになる。同時に，これら展望は，いずれも経済的，環境的そして社会的な側面との重層的な関係を持つものである。したがって，企業は，国家，自治体，NPO，国民などの多様な活動主体との連携を基本にしながら，企業の社会的責任を具現化することになる。つまり，企業はビジネス・イノベーションだけでなく，エコ・イノベーションやソーシャル・イノベーションの担い手になりうるのである。事実，エコ・イノベーションが競争優位性を持ち，企業価値を高めることがある。また，ソーシャル・イノベーションが新たなビジネス機会に結びついて，企業価値を高めることがある。そして，今後，企業の社会的責任は，経済的，環境的そして社会的な側面を重

層的に統合したものとして理解されるとともに，ビジネス・イノベーション，エコ・イノベーションそしてソーシャル・イノベーションの企業における境界はますます不明瞭になると考えられる。

　いうまでもなく，中小企業は，大企業に比べて事業組織がコンパクトであるといった特性がある。そうした特性を反映して，中小企業によるイノベーションには，次の3つの特徴があると思われる（中小企業庁　2009：第2章）。

〔1〕経営者が，方針策定から現場での創意工夫まで，リーダーシップをとって取り組んでいること。

〔2〕日常生活でひらめいたアイディアの商品化や，現場での創意工夫による生産工程の改善など，継続的な研究開発活動以外の創意工夫等の役割が大きい。

〔3〕ニッチ市場におけるイノベーションの担い手となっていること。

　これら3つの特徴は，小中規模組織（SMO）と一致する。中小企業は日常の事業活動を踏まえて，自らの特質と背景に基づいてイノベーションの特定化をすることになる。

　そして，図表1-3は，大企業と中小企業が，イノベーションに向けた具体的な取り組みのうち，力点を置いてきたとしたものを指標化して示したものである。これによると，中小企業は，イノベーションに向けて「経営者による創意工夫」に最も力点を置いており，また，大企業に比べて「経営者のチャレンジ精神」や「経営者の素早い意思決定」が若干上回っており，経営者の資質やリ

図表1-3　イノベーションに向けた具体的な取り組みの実施状況
―中小企業では，経営者がリーダーシップを発揮して，イノベーションの実現を目指している―

	外部との連携	マーケティング活動	研究開発活動	従業員による創意工夫	従業員と経営者の連携	意思決定経営者の素早い	創意工夫経営者による	経営者のチャレンジ精神
大企業	12%	11%	12%	15%	11%	14%	11%	14%
中小企業	11%	6%	8%	14%	13%	16%	17%	16%

出所）中小企業庁（2009：第2章）の図を表にしたものである。なお，三菱UFJリサーチ＆コンサルティング「企業の創意工夫や研究開発等によるイノベーションに関する実態調査」2008年12月の資料に基づいている。

ーダーシップを重視する内容となっている。一方，「研究開発活動」や「マーケティング活動」では，中小企業は大企業を下回る。大企業は，巨額化している研究開発投資や，大規模な営業網を活用したマーケティング活動にも力点を置いているためと考えられる（中小企業庁　2009：第 2 章）。このように中小企業では，経営者がイノベーションをリードする存在であり，経営者の創意工夫と企業家精神が大きな影響力を持つのである。これも中小規模組織の特質であり，大企業とは異なるイノベーションの強みを生み出す源泉ともいえる。

　さらに，CSR が牽引するイノベーションとイノベーションが牽引する CSRという 2 つの視点があるとされる。前者は CSR に取り組むことでイノベーションが行われる。後者はイノベーションを行うことが CSR になるということである。

①CSR 問題を解決するためにイノベーションに取り組む

②イノベーションが結果として CSR 問題を解決する

　この 2 つの視点は，いずれも社会のさまざまな課題に積極的に取り組むことによって，これまでにない製品，サービスを生み出し課題を解決するといった企業行動と考えられる。大企業は，CSR の問題解決を目指したイノベーションに必要な人的資源，資金そして時間を投入することが可能である。これに対して，中小企業では，環境・社会課題を解決するために自社の事業（自社の技術・製品）はどのように寄与できるのか（ステークホルダー視点）というアプローチを取ることで事業の新たな方向性を作り出すことになる。

　このことは，新事業分野を選択した理由として「自社の技術・ノウハウを活

図表1-4　CSR 牽引のイノベーションとイノベーション牽引の CSR

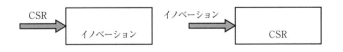

出所）Steven, P. MacGregor & J. Fontrodona（2008：14）

かせる」という回答が58.6％で最も多く，「自社製品・サービスの提供ルートを活かせる」（30.9％）がこれに次いでおり，新事業展開に際しては自社がこれまでに蓄積してきた技術・ノウハウや既存の販売・サービスのルートを活かすことのできる分野を選択するケースが多くなっている（商工総合研究所　2012：3）。

　そこで，「とられる方策は社会的責任，社会的貢献活動を図るために新たに資金や組織，人材などを整えることなく，自社の事業の延長，あるいは事業と一体化したかたちで社会的責任，社会的貢献活動に取り組む戦略である。すなわち，中小企業は既存の経営資源を基盤に社会的責任，社会的貢献活動に臨むことが得策であるということである。それこそが企業と社会の共通価値を見出し，企業と社会がともにすぐれた価値を得られることを実現するものなのである」（内本　2015：75）。このように，中小企業は大企業とは異なる特化した事業を基盤し，CSRへの取り組みを通して自社の諸資源（技術，製品そしてノウハウなどを含む）を再評価し，自社の特性を生かした能動的なCSRと何らかの点で密接な影響を持つ領域に事業を絞り込むことになる。そのためには，中小企業の経営者は企業家的なリーダーシップが求められるのである。

6．おわりに

　中小企業のCSR実践において経営者のリーダーシップは重要であるが，その前提として能動的なCSRの展開可能性を発掘しなければならない。ただし，「どのようにして将来性のある有望な新分野を見出すかは新事業展開の大きな課題である。事例企業では異業種交流や産学官連携等の交流を通じて新技術や有望分野の情報を得る，既存の事業活動の中で有望な事業分野の存在に気付くといった形で新事業分野を決めている。中小企業の場合，新規分野への展開に必要な経営資源の全てを備えることは容易ではない。他企業との連携も含めて新事業展開に取り組んでいくことが重要である（商工総合研究所　2012：6-9）。

　中小企業の CSR は，受動的な CSR が主であり，法令順守とフィランソロピーということになる。ただし，フィランソロピーの重要度は，低い。ここにも規模の限界が影響している。したがって，能動的な CSR への取り組みは，資金，人材そして時間などの制約から困難になっている。したがって，中小企業の能動的な CSR とは，既存の事業活動を CSR の視点から見直し，新たな事業価値を再定義することである。新たな事業価値の再定義は，多様なステークホルダーや地域社会との連携を価値フローとしてより具体化することが不可欠である。そこでの価値フローは，経済的な価値とともに環境的・社会的な価値として位置づけられる。ただし，ステークホルダーや地域社会と中小企業の連携は，組織間関係というよりも人的関係といえる性格を持つと考えられる。なぜなら，中小企業の CSR やイノベーションでは，経営者のリーダーシップが最も重要な役割を果たしているからである。さらに，ドラッカー(Drucker, P. F.) は，「社会のリーダー的存在としてのマネジメントの社会的責任とは，公共の利益をもって企業の利益とするということである。マネジメントは公共の利益に無関心でいることはできない。しかも，自らの利益を公益に従属させるだけでは十分でない。まさに，公益を自らの利益とすることによって，公益と私益の調和を実現しなければならない」(Drucker 1954：390＝1987：277) のである。

　さて，能動的な CSR における「共通価値の創造は，決してフィランソロピーではなく，社会的価値を創造することで経済的価値も創造するという利己的な行為である」(Porter & Kramer 2011：77＝2011：30)。社会にとって利益になることは企業にとって利益になることである。共通価値とは，従来型の企業にとって利益となることは社会にとっても利益であるという考え方と逆で，社会にとって利益となることは，企業にとっても経済的価値を生むはずである，という考え方である。企業の創出する経済的価値は，社会の犠牲の上に成り立つのではなく，社会と企業との共通の利益の上に成り立つのである。能動的な CSR は，中小企業の経営においても新たな事業の可能性とあり方を提示する考え方であり，新たな挑戦課題である。　　　　　　　　　　(柿崎　洋一)

注

1）ここでの統計は，次の資料である。

CorporateRegister.com "CR Perspectives 2013"（November 2013）：3, 9
http://www.corporateregister.com/a10723/67880-13t17513040C2227142800TGl.
pdf（2017年 1 月17日アクセス）

参考文献

中小企業庁（2009）『中小企業白書　2009年版』

Drucker, P. F.（1954）*The Practice of Management*, Harper & Brothers Publishers.
（野田一夫監修，現代経営研究会訳，1987，『現代の経営』ダイヤモンド社）

Intel（2014）THE ROLE OF CORPORATE. SOCIAL INOVATION: FROM
CSR1.0 TO CSR3.0. The story of how Intel learnt to create a vibrant social
ecosystem to unleash social innovation and tackle China's social and
environmental challenges. www.intel.cn/.../cn/.../intel-csr-white-paper-en-3.0-
revised.pdf（2017.1.7アクセス）

経済産業省「平成 26 年度総合調査研究 企業の持続的成長に向けた競争力の源泉と
しての CSR の在り方に関する調査」http://www.meti.go.jp/meti_lib/report/
2015fy/000491.pdf（2017.1.17アクセス）

柿崎洋一（2015）「環境経営の概念的枠組」『経営力創成研究』第11号，東洋大学経
営力創成研究センター：79-94

日本規格協会（2009）「SR 実践に関する中小企業事例調査」特定非営利法人　パブ
リックソースセンター, iso26000.jsa.or.jp/_files/rec/repo/part1&2.pdf（2016.12.24
アクセス）

日本工業標準調査会（審議）(2012)『JIS 社会的責任に関する手引, JIS Z 26000（ISO
26000)』日本規格協会

Militaru, Gh. & S. Ionescu,（2006）"The Competitive Advantage of Corporate
Social Responsibility," *U. P. B. Sci. Bull.*, 68（2）: 89-103.

三菱 UFJ リサーチ＆コンサルティング（2008）「企業の創意工夫や研究開発等によ
るイノベーションに関する実態調査」

太田進一（2009）「CSR（企業の社会的責任）と企業経営のあり方」『同志社商学』第
60巻，第5・6号：143-158

Ouden, E.（2012）*Innovation Design: Creating Value for People, Organizations and
Society*, Springer.

Osburg, T. & Schmidpeter, R.（2013）Social innovation: Quo Vadis? In Osburg, T.,
Schmidpeter, R.（Ed.）, *Social Innovation Solution Sustainable Future*, Springer-

Verlag Berlin Hiedelberg, 317-321.

Philips Horticulture Solutions（Philips—GPEC Conference 2012）（japan. nlambassade.org/.../j/.../8-philips-lighting-en-jp.pdf（2015.1.15アクセス）

Porter, M. E. & M. Kramer（2002, December）The competitive advantage of corporate philanthropy, *Harvard Business Review*：5-16.

Porter, M. E. & M. R. Kramer（2011）"Strategy and Society—The Link Between Competitive Advantage and Corporate Responsibility," *Harvard Business Review*（2006, December）: 78-92.（村井裕訳（2008）「競争優位の CSR 戦略」『ダイヤモンド・ハーバード・ビジネス・レビュー』2008年1月号：36-52）

Porter, M. E. & M. R. Kramer（2011）"Creating Shared Value: How to reinvent capitalism—and unleash a wave of innovation and growth," *Harvard Business Review*, January-February: 62-77.（ダイヤモンド・ハーバード・ビジネス・レビュー編集部訳（2011）「経済的価値と社会的価値を同時実現する：共通価値の戦略」『ダイヤモンド・ハーバード・ビジネス・レビュー』2011年6月号：8-29）

Schmidpeter, R.（2013）Corporate Social Responsibility: A New Management Paradigm?, Okpara, J. O. & S. O. Idowu（Ed.）, *Corporate Social Responsibility*, Springer-Verlag Berlin Hiedelberg: 171-180.

商工総合研究所（2012）『平成23年度調査報告書　中小企業の社会的責任（CSR）に関する調査』

Steven, P. MacGregor & J. Fontrodona（2008）"Exploring the Fit Between CSR and Innovation," *Working Paper*, WP-759, IESE Business School-University of Navarra,

内本博行（2015）「中小企業にみる企業の社会的責任の実践―本業と一体化した社会価値の実現―」『日本政策金融公庫論集』第26号

第2章

スモールビジネスの組織文化

1．はじめに

　スモールビジネスは，組織の規模も大きくなく，経営者と従業員の距離も近く，経営者の思いや願いといったものが従業員一人ひとりに伝わりやすい，という印象があるかもしれない。しかし，経営者にインタビューをすると，経営理念を作り，それを浸透させる努力をしているものの，従業員が自分と同じように思考し，行動するには至らないという声をよく耳にする。実際のところ，経営理念が組織の隅々まで浸透し，組織文化として定着するのは，容易なことではない。

　組織文化は，組織のなかの何処かに実体として存在しているわけではなく，あくまで一人ひとりの心のなかにあるものである。したがって，組織文化をひとつのかたまり，均質的，一元的なものとして考えるマクロ・アプローチには限界があると考えられる。以下では，組織文化について個人の視点（ミクロ・アプローチ）からとらえ直し，内面化や同一化を論じながらスモールビジネスにおける組織文化のマネジメントについて検討する。

2．解釈主義アプローチによる組織文化

2.1　機能主義アプローチと解釈主義アプローチ

　組織文化は，古くて新しい概念である。1920年代のホーソン実験における非公式組織のなかに芽生えた規範がその一例である。また，1950年代にセルズニック（Selznick, P.）による『組織とリーダーシップ』といったパイオニアとも

いうべき研究が存在する。しかし，組織文化という言葉が経営学に華々しく登場したのは，1980年代のピーターズとウォーターマン（Peters, T. J. and R. H. Waterman, Jr.）の『エクセレント・カンパニー』であろう。シャイン（Schein, E. H.）による『組織文化とリーダーシップ』が出版されたのもこの時代である。

　これら1980年代の組織文化研究のメインストリームは，機能主義アプローチと呼ばれるものである。機能主義アプローチにおいては，組織文化が客観的実在物として存在し，機能があるがゆえに存続・維持しているという論理であり，組織文化が均質的，一元的になるようにマネジメントできると考える（坂下2002；出口　2004；竹中　2013）。したがって，機能主義アプローチのもとでは，均質的，一元的な存在（いわゆる強い文化）であればある程，組織文化が機能することでパフォーマンスが向上するということになる。

　機能主義アプローチに対峙するのが解釈主義アプローチである。解釈主義アプローチの特徴の第1は，組織文化は社会的構成物である，ということである。組織メンバーがシンボルを解釈するにあたり，自分自身の主観的な意味の世界が参照され，同時に意味の世界も構成し直されるのであるが，相互作用によって意味の世界が組織メンバーのあいだで共有され，間主観的なものになる，これが組織文化なのである（坂下　2002）。あくまで一人ひとりにそれぞれの意味の世界があるのであり，間主観的な意味の世界が存在するとしても，それが均質的，一元的なものになるわけではない。そして，いかにして間主観的な意味の世界が生成されるのか，換言すればどのようにして組織文化が形成されるのか，がメインテーマとなる。一人ひとりの意味の世界とその共有による間主観的な意味の世界がはたしてマネジメントできるのか，組織文化のマネジメントに対して懐疑的であるというのも解釈主義アプローチの特徴のひとつである。

2.2　文化モデルの比較

　機能主義アプローチと解釈主義アプローチの違いをシャインによる文化モデルとハッチ（Hatch, M. J.）の文化モデルの比較によって明確なものにしていこう。

　シャインの文化モデルは，人工物（artifacts），価値（values），基本的仮定（basic assumptions）から構成される。シャインが「ある特定のグループが外部への適応や内部統合の問題に対処する際に学習した，グループ自身によって，創られ，発見され，また，発展させられた基本的仮定のパターン―それはよく機能して有効と認められ，したがって，新しいメンバーに，そうした問題に対しての知覚，思考，感覚の正しい方法とて教え込まれる」と組織文化を定義していることからもわかるように（シャインにおいて）基本的仮定こそが組織文化の本質である（Schein 1985＝1989：12）。

　人工物は，「物理的空間なり，そのグループの技術的な成果，書かれたり話されたりする言葉，装飾およびメンバーの明白な行動」であり，内部者のみならず外部者も観察できるレベルである（Schein 1985＝1989：20）。しかし，シャインによれば，組織において人工物に対していかなる意味が与えられているのか，について理解するために以下のレベルの分析が必要である，という。

　価値は，グループが問題解決にあたって「どうあるべきか」についてリーダーが提案するものである。リーダーの提案（価値）が問題解決において実際に機能し，「グループがその成功についての認識を共有すれば，その価値が徐々に認知的変容の過程を開始し，一つの信念になり，究極的に，一つの仮定となる」（Schein 1985＝1989：21）。

　（暗黙的）仮定は，アージリス（Argyris, C.）の実行上の理論（theory in use）と同様，「実際に行動を導き，グループのメンバーに対してどのように知覚し，考え，感じるかを示すような暗黙の仮定」であり，「定義上，対立したり，議論したりできるようなものではない」（Schein 1985＝1989：24）。

　図表2-1のようにハッチは，シャインの文化モデルをベースにシンボルを加えた文化ダイナミクスモデルを提案している（Hatch 1993）。① 仮定，② 価値，③ 人工物，④ シンボルから構成されるサークルのうちどこから始まると決まってはいないが，① 仮定から② 価値へ，そのまた逆の矢印が表象化（manifestation）である。

　組織の世界を反映する知覚や思考，感覚を自己で経験するだけではなく，そうあるべきものとして（as it should be）他者に期待するようになる（仮定から価値へ）。仮定から価値になることで検証の対象となり，結果，既存の仮定が強化されたり，あるいは新規の価値にともない既存の仮定が修正されたりする。

　② 価値から③ 人工物へ，そのまた逆の矢印が具現化（realization）である。たとえば，商品などモノをつくる，会議などイベントをおこす，インフォーマルな話し合いなどに参加することによって価値が現実のものとなっていくプロセスである。表象化と同様，価値は人工物になることで維持される。また，前衛的（avant-garde）な作品のような人工物が価値に新たな息吹をもたらすこともある。

　③ 人工物から④ シンボルへ，そのまた逆の矢印が象徴化（symbolization）である。記号である文字に意味が与えられてはじめて使用されるのと同じように，人工物に対して意味が与えられることで使用できるシンボルとなる。ただし，意味を与えられるといっても，文字そのものの意味（字義）から正反対の意味までシンボルは幅広いものである（たとえば，若者の言葉で「やばい」など）。

　④ シンボルから ① 仮定へ，そのまた逆の矢印が解釈（interpretation）である。

図表2-1　ハッチの文化モデル

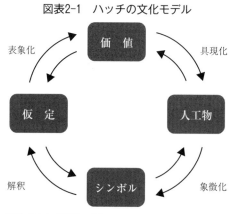

出所）Hatch（1993）p.660.

仮定は，象徴化によるシンボルをひとつに絞り込む（解釈する）上で参照される文化的な枠組みとなる。新規のシンボルによって文化的な枠組み，すなわち仮定に変化がもたらされることもある。

　シャインが，基本的仮定と人工物のあいだにある価値をあくまでリーダーのものとして，メンバーは組織文化の形成や変革における受動的存在と考えるのに対して，ハッチは，仮定と人工物のあいだに価値のみならずシンボルを置くことでメンバーを能動的存在としてとらえることを可能にするのである。たとえば，シャインの文化モデルでは，人工物によってメンバーに価値が「植えつけ」られるのであるが（二次的メカニズム），ハッチの文化モデルでは，メンバーによって価値が人工物に具現化されると考える。

　機能主義アプローチをとるシャインにとって，基本的仮定，価値，人工物が整合すること，すなわち均質的，一元的なものになることが重要である。そして，それがリーダーのなすべきことである。解釈主義アプローチをとるハッチにとって，メンバー一人ひとりの意味の世界である仮定が，シンボルの解釈に使用されながらも，「そうであるべき」ものとして表象されていくことが重要である。リーダーのみならずメンバーが，そして内部者のみならず外部者も組織文化に関わることが示唆されている。

　もちろん，機能主義アプローチであれ，解釈主義アプローチであれ，間主観的な意味の世界である組織文化を対象にしていることに違いはない。しかし，機能主義アプローチは，たとえ個人を対象にアンケートを実施しようとも，あくまで組織の視点から組織文化に接近するものであり，対して解釈主義アプローチは，たとえ組織の制度との関わりを調査しようとも，あくまで個人の視点から組織文化に接近するものである。

3．個人レベルの理念浸透とマネジメント

3.1　組織文化と経営理念

　組織文化を論じる上で避けて通れないのが経営理念である。組織文化をマネジメントするにあたり，理念をいかに浸透させるかが最大の課題であるといって差し支えない。以下で経営理念をいかに組織に浸透させるかの議論を検討することで，組織文化のマネジメントにおける問題を明確にしたい。

　そもそも経営理念とは何か，について若干触れることにする。経営理念は，創業者あるいは経営者の思想や信条，哲学から生まれる。そして，文章に書き表され（成文化，明文化），組織の内外に公表される。経営理念は，決して経営者（創業者）個人のものではない。額に入れて飾られるのではなく，組織内外の人びとに共有され，共感されてはじめて機能するのである。経営理念の内容は，時代とともに表現の方法は変わるものの，指導原理や活動指針，行動規範であるといって良いであろう（横川　2010）。また，類型に関して鳥羽欣一郎・浅野俊光は，歴史的・主観的・個別的な性格を帯びる「自戒型」，対して現実的・普遍的・合理的な性格を帯びる「方針型」，そしてその中間的な性格を帯びる「規範型」があるという（鳥羽・浅野　1984）。

　さて，経営理念と組織文化の関係であるが，シャインの文化モデルのうちグループが問題解決にあたって「どうあるべきか」についてリーダーが提案するもの，である（信奉された）価値が経営理念にもっとも近い概念であろう。組織文化が基本的仮定である，とするならば，リーダーが提案する価値がすべて基本的仮定に落とし込まれるのではなく，メンバーによる検証（問題解決で機能するかどうか）を経るものである。したがって，経営理念イコール組織文化ではない。機能主義アプローチで考えるならば，経営理念の社員（従業員）の思考・行為様式への体現（内面化），人事施策・組織運営などに関わる経営の諸制度への体現（制度化），事業活動の成果としての製品・商品・サービスへの体現（具象化）をすることで組織文化になる，としている（梅澤　2003）。内

面化，制度化，具象化によって経営理念が組織の隅々まで浸透し，時間を超えて伝承されることで，均質的，一元的な組織文化になる。

　解釈主義アプローチのハッチの文化モデルにおける価値は，シャインのそれと必ずしも一致しているわけではなく，メンバーがそうあるべきものとして（as it should be）他者に期待するようになり，仮定から価値が生まれるとしており，ここでの価値は必ずしもリーダーのものとは限らない。したがって，経営理念と組織文化の関係はあいまいである。また，組織文化は経営理念によってのみ形成されるわけではないことも忘れてはならないであろう。たとえば，部門ごとに文化が違うことがあり（下位文化の存在），対抗文化となることもある。下位文化なり，対抗文化の存在こそが，組織文化ではない「なにか」が，組織文化に関わっていることの証左である。

3.2　理念浸透のマネジメントのむずかしさ

　このように経営理念と組織文化の関係は複雑であるが，経営理念が組織文化に少なからず影響を与えていることに違いはない。したがって，組織文化をマネジメントしようとするとき，いかにして理念を組織に浸透させていくかの議論は，やはり重要なのである。組織文化研究と同様に，理念浸透研究も組織の視点から（マクロ・アプローチ）のものと個人の視点から（ミクロ・アプローチ）のものがある。

　組織の視点に基づく理念浸透研究は，あくまで組織が主体であり，理念の存在や浸透の方法（施策），そして業績の関係がテーマである。そして，リーダーが推進者となる。対して個人の視点に基づく理念浸透研究は，そもそも一人ひとりの理念の浸透が同じとは限らない，そして理念の浸透において受け身ではないという考えが根底にあり，個人による理念の理解と実践のプロセスを明らかにしようとするものである。「個人が理念の本質を理解し，日々の仕事において理念の実践を念頭に置くことがなければ，真の意味での経営理念が浸透しているとはいえない」という立場なのである（高尾・王　2012：25）。北居明・

田中雅子は，マネジメント，製品，制度に対する理念の反映・定着の程度を「定着化」と呼び，個人の内面への理念の浸透の程度である「内面化」と区別している（北居・田中　2006）。定着化は組織の視点から，内面化は個人の視点から理念浸透を取り扱うものであり，これらを統合しようとする試みである。

　さて，個人の視点に基づく理念浸透研究の先鞭をつけたのが，金井壽宏・松岡久美・藤本哲の研究である（金井・松岡・藤本　1997）。彼らによれば，理念の浸透に関して，① 強い文化モデル，② 観察学習モデル，③ 意味生成モデルがあるという。① 強い文化モデルは，これまで述べてきたように，経営者（創業者を含む）が理念をわかりやすい言葉で繰り返し語り掛け，行動をしてみずから見本となり，現場を歩き回る（遊弋する）ことによって理念を浸透させていくモデルである。② 観察学習モデルは，バンデューラ（Bandura, A.）によるモデリングがベースになる。たとえば，新入社員が直接，経験をしなくても，上司や先輩の行動を観察することで，さらに行動の背後にあるルールを教えてもらうことで理念を学ぶことができる。③ 意味生成モデルは，理念と現実のギャップから生じる疑問を率直に話し合う，公式・非公式を問わず議論をしていくなかで理念が「腑に落ちる」というプロセスである。

　さらに，意味生成モデルについて松岡は，インタビュー調査から現場における理念と現実のギャップがあったとしても，議論だけではなく，たとえばジョブ・ローテーションにより視野が拡大することで，内省によってギャップを解消できることを指摘している（松岡　1997）。また，観察学習についても田中は，やはりインタビュー調査の結果，観察学習後，意味を考えず模倣したが，時間が経過するうちに意味がわかる「行動先行型」もあれば，上司と同じ立場になってはじめてかつての観察学習の意味がわかる「タイムラグ発生型」，さらに部下に対する観察学習の結果，上司がすぐにその意味がわかる「瞬時合体型」といったさまざまなパターンがあることが確認されている（田中　2016）。

　加えて，一口に理念が浸透するといっても，存在を知っているレベルから行動に結びつけるレベルまで（松岡　1997），あるいは理念を認識しているレベル

から理念が信念になるレベルまで（田中　2016），とさまざまなレベルが存在することが指摘されている。

　理念の認識ひとつとっても状況によって一人ひとりで差異があること，さらに１人のなかでも経験や立場によって差異が生まれることもわかってきた。組織文化のマネジメントにおいてこのような差異を十分に考慮しながら，いかなる経営者のリーダーシップ，そして物理的・行動的・言語的シンボルの有り様が有効なのかを検討すべきである。そこで，問題となるのが，差異をどのように説明するかである。組織文化に関して，いったい１人ひとりどんなところが違うのか，また１人のなかでも経験や立場によって何が違ってくるのか，いわゆる状況や状態の定義がなされなければならないであろう。もちろん，個人の状況や状態を説明する概念はいくつもあるであろう（高尾・王　2012）。以下では，そのひとつと考えられる「組織同一化」について検討することで，状況や状態のマネジメントへの窓を開いていきたい。

4．状況や状態のマネジメントとしての組織同一化

4.1　組織同一化概念

　組織同一化（organizational identification）は，社会心理学の社会的アイデンティティ理論（social identity theory）や自己カテゴリー化理論（self-categorization theory）をアシュフォースとマエル（Ashforth, B. E. and F. Mael）が組織研究に持ち込んだのが始まりである。アシュフォースとマエルによれば，「個人は，集団の顕著な成員性（membership）によって（部分的にではあるが）彼もしくは彼女を定義し」ており，それは「集団との一体性（oneness）もしくは帰属性（belongingness）の認知」であり，「直接的あるいは間接的に集団の成功と失敗を経験することを含むもの」であるとしている（Ashforth and Mael 1989：34）。

　同一化＝アイデンティフィケーションは，「自分はいったいなにものなのか」

というアイデンティティ（identity）に関係する。われわれのなかには，他者と違う自分（個人的自己という）と他者と同じ自分（社会的自己という）がいる。しかし，社会的自己における同一化する対象である他者は，必ずしも特定の誰かである必要はないことに注意しなければならない。ブリューワーとガードナー（Brewer, M. B. and W. Gardner）が「われわれが自分自身を社会心理学者と考えるとき，われわれは，他の社会心理学者たちのあいだで共有している，そして，その他の社会学や行動科学の学者たちと違っていると考える特徴や性格に帰属しようとする」と例示しているように，集合的あるいは社会的カテゴリーのプロトタイプが同一化の対象になるのである（Brewer and Gardner 1996：85）。

　組織同一化が高まることで「組織に留まりたいという気持ちが高まり，組織内の他者との協力を惜しまず，選択が必要な場面において組織目標に基づいた意思決定を下すなど，組織にとって望ましい行動に結びつく」のである（小玉2011：56）。加えて，組織市民行動（organizational citizenship behavior）も組織同一化がもたらすものとして考えられている。

　ここで，組織同一化という概念が生まれた社会的アイデンティティ理論と自己カテゴリー化理論について簡単に触れておきたい。社会的アイデンティティ理論は，最小集団実験に端緒をなす（Hogg and Abrams 1988＝1995）。最小集団実験とは，被験者がまったく会ったことがない，名前も知らず，ただ些細な条件（どちらの絵が好きか）によるグループの所属のみわかっている対象者に報酬を分配する実験で，どの被験者も内集団を優遇し，外集団を冷遇する内集団ひいき（in-group favoritism）を示したのである。内集団ひいきは，被験者が自己を内集団にカテゴリー化していることから生じる，と考えられている。そして，自己を高く評価しようとする（自己高揚）動機から内集団には肯定的な評価を，逆に外集団に否定的な評価を下すのである。その後の研究において，さらに外集団との異質性ならびに内集団との同質性を強調するような特徴への一般化，いわゆるステレオタイプ化がなされることがわかってきた。

　自己カテゴリー化理論は，メタ・コントラスト比（meta-contrast ratio）に基づいて社会的アイデンティティが顕著になるという考えがベースにある。ある「まとまり」があり，「まとまり」の内側の差異が，「まとまり」の外側との差異と比べて（メタ・コントラスト比が）小さいとき，「まとまり」がカテゴリーとして機能し，カテゴリーに対するアイデンティティが顕現化する（池上・遠藤　1998）。また，個人的アイデンティティより社会的アイデンティティが強くなると，脱個人化や自己ステレオタイプ化が促されるという。

4.2　組織同一化による理念浸透のマネジメント

　組織同一化と組織文化との関係を考えるにあたり，① 組織同一化に情緒的なものまで含めるのか，② 組織同一化と内面化と区別すべきか，について検討する。

　① 組織同一化は，あくまで認知的なものである，というのが，アシュフォースとマエルの主張である（Ashforth, and Mael 1989）。しかし，社会的アイデンティティ理論において，自己高揚が動機となって内集団ひいきが生じることから，情緒的なものも含まれるとする考えもある（Van Dick, R. 2001）。情緒的なものが組織同一化に含まれるのか，あるいは結果として生じるのか議論はあるものの，認知されたカテゴリーに対する肯定的な感情，たとえばマウディら（Mowday et al. 1979）がいうところの情緒的コミットメント（組織コミットメントの一部）のようなものと深い関わりがあることはたしかである。

　② アシュフォースとマエルは，「同一化が社会的カテゴリーに関する自己に言及する（私は…である）のに対して，内面化は自己の価値や態度といったものを指導原理として取り込むことに言及する（私は…を信じる）」として，内面化と区別している（Ashforth and Mael 1989：21-22）。最小集団実験のようなまったく知らない，類似するところもない状況において内集団ひいきが生まれることからすると，組織同一化は，やはり内面化と異なるものであり，さらに内面化を必要としない。しかし，組織と個人のあいだで価値や規範が一致するこ

とが，組織のプロトタイプに対する同一化をよりたしかなものにする，さらに，価値や規範の共有によって組織におけるメンバーとの類似がより感じられるようになることは十分に考えられよう。

　組織同一化によって，メンバーが組織とのかかわりで自分自身を考え，組織にまつわるものごとを自分の問題として取り組むことができるようになり，肯定的な感情をともなうことで，メンバーに組織の価値や規範がスムーズに受け入れられる，すなわち理念の浸透が容易になるのである。逆に「組織成員が自らの社会的アイデンティティをその組織への所属に求めなければ，（中略）経営理念との関わりは他人事のようになってしまう」のであろう（高尾・王 2012：38）。そしてメンバー一人ひとりに理念がしっかりと浸透していくことによって，彼らの組織に対するアイデンティフィケーションはさらに強固なものになっていくのである。

　佐藤郁哉・山田真茂留によれば，「われわれの組織は〜である」というとき，「〜である」という述語の部分が組織文化であり，「われわれの」具体的な中身であるのに対して，主語の部分である「われわれの組織」という認識それ自体が自己カテゴリーゼーション（＝ここでいうところの組織同一化）である，という（佐藤・山田　2004）。たとえていうならば，盛り付けられる料理が組織文化だとすれば，組織同一化は，皿など容器にあたるであろうか。

　環境の変化にともない組織文化が変容していくことはあっても，組織同一化があれば，組織としてのアイデンティティを喪失してしまう危険は回避できる。変わるもの（料理）がある一方，変わらないもの（容器）もなければならない，それが組織同一化なのである。そして，容器の大小＝組織同一化をマネジメントすることで，料理の多少＝組織文化の強さ・弱さを左右することができるのではないか。

　組織同一化をいかにマネジメントするのか，組織同一化の先行要因についてプラット（Pratt, M. G.）は，社会的アイデンティティ理論に基づく① カテゴリー化の視点および② 自己高揚の視点から，自己カテゴリー化理論に基づく③

図表2-2　組織同一化のマネジメント

組織同一化が高められる		組織同一化が低められる
① カテゴリー化の視点		
独自性がある	内集団の独自性	独自性がない
顕現性がある	外集団の顕現性	顕現性がない
競争がある	内集団と外集団の関係	競争がない
② 自己高揚の視点		
威信がある	内集団の威信	威信がない
魅力的である	内集団に対するイメージ	魅力的でない
自尊心を高める	アイデンティティの知覚	自尊心を高めない
③ メタ・コントラスト比の視点		
存在する	比較対象となる集団の存在	存在していない
同質性がある	内集団のメンバー同質性	同質性がない
類似性がない	外集団のメンバー類似性	類似性がある

出所）Pratt（2001）pp.17-19の内容をもとに筆者作成。

メタ・コントラスト比の視点からそれぞれまとめている（図表2-2）。

5．スモールビジネスの組織文化マネジメント

　以上の議論に基づき，スモールビジネスの① 組織文化，② 理念浸透，③ 組織同一化について検討していく。

　① スモールビジネスの組織文化に関して，経営者の存在が大きいといって差し支えないであろう。従業員一人ひとりについて，経営者が直接採用に関与する，経営者が日々の業務に関して指示をする，問題があれば相談にのって一緒に解決する，面接をしながら評価をする，といったことがスモールビジネスでは一般的である。経営者が理念をわかりやすい言葉で繰り返し語り掛け，行動にしてみずから見本となり，現場を歩き回る（遊弋する）という「強い文化モデル」における，経営者の言葉，そして行動そのものがシンボルであり，間主観的な，共通する意味の世界の形成をもたらす。経営者に求められるのは，

なによりもまず言行一致なのである（瀬戸　2008）。

　しかし，メンバーの間主観的な，共通する意味の世界を生み出すのは，リーダーによる「どうあるべきか」の価値（シャインの文化モデル）だけでないことに注意したい。自分たちのしゃべる会話や立ち振る舞いがシンボルとなって，メンバーによる「どうあるべきか」の価値（ハッチの文化モデル）が共有されていくのである。なかでも経営者の存在が大きいスモールビジネスにおいて，経営者にどのように接するべきか，いかなる立ち振る舞いが経営者を喜ばせるのか（あるいは怒りを買うのか），意見を聞いてもらうためにはどのような話し方が良いのか，といったものが組織文化の一部になる，といえる。まさにメンバーによるメンバーのための行動規範といったところであるが，必ずしも経営理念に基づく（リーダーによる）行動規範と一致するわけではないことは想像に難くない。

　②スモールビジネスの理念浸透であるが，経営者との接触の多さ，そして経営者が身近な存在であるがゆえに「強い文化モデル」が有効であるが，「観察学習モデル」においても同様の理由により，従業員は，経営者がいかなる状況のもとどのように思考し，行動したか観察することができ，そこに一貫したものがあることを摑み取り，「経営者だったらどうするか」を基準にしながら日常の業務を取り組むようになる。経営者（創業者）亡き後，経営者を「おやじ」と慕う後継者たちが「おやじが生きていたら，きっとやってみろというと思うよ」というくだりから，経営者がまだ後継者たちの心のなかに宿っていることがうかがえる（高橋　2010）。

　また，「意味生成モデル」において理念と現実のギャップについて，管理者のみならず，経営者と一緒に議論ができることもスモールビジネスならではの特徴である。経営者へのインタビューのなかで，経営理念の機能として「自分自身がぶれないようにするため」をあげる経営者がいるが，このことは，従業員のみならず経営者自身もまた，議論や内省によって理念に対する理解をさらに深化させていることを意味するものである（佐藤・松村・宮川　2014）。

③ビッグビジネスと比較してスモールビジネスの組織同一化は，脆弱になる傾向にあると考えられる。なぜならばスモールビジネスのメンバーは，組織の威信を感じたり，（組織に対する）魅力的なイメージを持ったり，自尊心を刺激するアイデンティティを知覚したりする機会が多いとはいえず，自己高揚の視点からすれば組織同一化が高まらないと考えられるからである。とはいえサウスウエスト航空のように，もともと非常にオリジナリティあふれる組織文化があって，格安航空運賃の航空会社を目の敵にするメガキャリアという強力なライバルが存在し，ライバルとの熾烈な競争が繰り広げられているような場合，カテゴリー化の視点からしてスモールビジネスであっても組織同一化が高まるかもしれない（Freiberg 1996＝1997）。

　組織同一化の脆弱さがあっても，経営者によるリーダーシップによって組織文化が強固なものになるかもしれないが，むしろその怖さは，経営者交代（承継）や下請けからの脱却，経営多角化といったスモールビジネスにとって決定的局面，これまでの経験やノウハウが機能しない，まさに組織文化の変容が迫られる（比喩的に表現すれば，教科書さえも書き換えなければならない）ような場面で，組織のアイデンティティが喪失してしまいかねない。情緒的コミットメントをともなう組織同一化が確固たるものであれば，たとえ新たなリーダーのもとこれまでとまったく異なる理念が示されようとも，少なくともメンバーは自分自身の問題としてこれに真剣に向き合い，内面化していく努力をするであろう。

6．おわりに

　スモールビジネスの組織文化に関して，あらためて経営者の存在と影響が大きいことが認識された。しかし，個人の視点，ミクロレベルで組織文化について考え直してみると，組織文化のなかにあって個人は決して受け身ではなく，理念浸透のみによって組織文化が形成されるわけではない。さらに理念浸透に

おいてもそのレベルは一人ひとりで異なっており，「腑に落ちる」タイミング
もさまざまである。メンバーをマネジメントする上で有効なツールである組織
文化，経営理念をどうマネジメントするか，スモールビジネスにおいて経営者
のリーダーシップがキーになることはもちろんであるが，メンバーが理念を自
分のものとする（内面化）状況や状態のマネジメントとして，自分自身を組織
メンバーとしてカテゴライズ（範疇化）する組織同一化について検討し，組織
同一化による組織文化マネジメントの可能性が示唆された。さらに，経営者交
代など組織が文化変容の波にさらされる場合，組織同一化がアンカーとなって
組織に安定をもたらすことも理解された。

　同一化の対象（カテゴリー）が状況によって変化する，同一化の程度に個人
差があることから，組織同一化もまた組織文化と同様，均質的・一元的なもの
ではない。解釈主義アプローチの研究者たちが投げかける，本当に「マネジメ
ントできるのか」という問いが頭をもたげる。そのほか解決すべき問題は山積
しているが，これらについては今後の課題として，ひとまず本章を閉じること
にする。　　　　　　　　　　　　　　　　　　　　　　　　　　　（松村　洋平）

参考文献

Ashforth, B. E. & F. Mael (1989) "Social Identity Theory and the Organization," *Academy of Management Review*, Vol.14, No.1 : 20-39.

Brewer, M. B. & W. Gardner (1996) "Who Is This "We"? Levels of Collective Identity and Self Representations," *Journal of Personality and Social Psychology*, Vol.71, No.1 : 83-93.

Freiberg, K. and J. Freiberg (1996) *Nuts!: Southwest Airlines' Crazy Recipe for Business and Personal Success*, Bard Press.（小幡照雄訳，1997,『破天荒！　サウスウエスト航空―驚愕の経営―』日経 BP 社）

Hatch, M. J. (1993) "The Dynamics of Organizational Culture", *Academy of Management Review*, Vol.18, No.4 : 657-693.

Hogg, M. A. & D. Abrams (1988) *Social Identifications : A Social Psychology of Intergroup Relations and Group Processes*, Routledge.（吉森護・野村泰代訳，1995,『社会的アイデンティティ理論―新しい社会心理学体系化のための一般理論―』北大路書房）

Mowday, R. T., Steers, R. M. & Porter, L. W. (1979) "The Measurement of Organizational Commitment," *Journal of Vocational Behavior*, 14 : 224-247.

Pratt, M. G. (2001) "Social Identity Dynamics in Modern Organizations: An Organizational Psychology / Organizational Behavior Perspective," M. Hogg and D. J. Terry (Eds.), *Social Identity Processes in Organizational Contexts*. Philadelphia: Psychology Press, 13-30.

Schein, E. H. (1985) *Organizational Culture and Leadership: A Dynamic View*, Jossey-Bass. (清水紀彦・浜田幸雄訳, 1989, 『組織文化とリーダーシップ―リーダーは文化をどう変革するか―』ダイヤモンド社)

Van Dick, R. (2001) "Identification in Organizational Contexts: Linking Theory and Research from Social and Organizational Psychology," *International Journal of Management Review*, Vol.3, Issue 4 : 265-283.

池上知子・遠藤由美 (1998)『グラフィック 社会心理学』サイエンス社

梅澤正 (2003)『組織文化 経営文化 企業文化』同文舘出版

金井壽宏・松岡久美・藤本哲 (1997)「コープこうべにおける『愛と協同』の理念の浸透―組織の基本価値が末端にまで浸透するメカニズムの探求―」『組織科学』Vol.31, No.2 : 29-39

北居明・田中雅子 (2006)「理念の浸透方法と浸透度の定量的分析―定着化と内面化―」『経営教育研究』第12巻第2号 : 49-58

小玉一樹 (2011)「組織同一視尺度の開発と信頼性・妥当性の検討」『広島大学マネジメント研究』11号 : 55-67

坂下昭宣 (2002)『組織シンボリズム論―論点と方法―』白桃書房

佐藤郁哉・山田真茂留 (2004)『制度と文化 組織を動かす見えない力』日本経済新聞社

佐藤一義・松村洋平・宮川満 (2014)「中小企業経営者の理念と行動」『立正大学産業経営研究所年報』第32号 : 9-17

瀬戸正則 (2008)「中小企業の理念経営」井上善海編著『中小企業の成長と戦略―その理論と実践―』同友館 : 23-38

高尾義明・王英燕 (2012)『経営理念の浸透―アイデンティティ・プロセスからの実証分析―』有斐閣

高橋伸夫 (2010)『組織力―宿す, 紡ぐ, 磨く, 繋ぐ―』筑摩書房

竹中克久 (2013)『組織の理論社会学―コミュニケーション・社会・人間』文眞堂

田中雅子 (2016)『経営理念浸透のメカニズム―10年間の調査から見えた「わかちあい」の本質と実践―』中央経済社

出口将人 (2004)『組織文化のマネジメント―行為の共有と文化―』白桃書房

鳥羽欣一郎・浅野俊光（1984）「前後日本の経営理念とその変化—経営理念調査を手がかりとして—」『組織科学』vol.18, No.2：37-51

松岡久美（1997）「経営理念の浸透レベルと浸透メカニズム—コープこうべにおける『愛と協同』—」『六甲台論集—経営学編』第44号第1号，183-203.

横川雅人（2010）「現代日本企業の経営理念—"経営理念の上場企業実態調査"を踏まえて—」『産研論集』第37号：125-137

第3章

スモールビジネスの系列化と系列の慣性

1. はじめに

　石油流通はシステムフランチャイズの代表的システムであり，同時に流通系列化の典型例としても取り上げられてきた[1]。このシステムは，中小企業が大企業との競争を避け，独自の領域で生存する二元経済的（a dual economy）な形態ではなく，大企業と協働することで成長・発展する重要なシステムとして存立してきた（Dicke 1992＝2002：12-13）。製造業者が製品を流通させるシステムとしてはマーケティング・チャネル，フランチャイズ・システム（フランチャイジング），そして系列などがあるが，いずれも長期的で継続的な関係を前提としており，この3つの用語は重なり合いを持つものとして使われている[2]。フランチャイズ・システムは契約を基礎に，フランチャイザーがフランチャイズパッケージを提供し，フランチャイジーが対価としてロイヤルティを支払うシステムであり，制度的に明確に規定される。一方，系列は「あいまいで多義的である」（島田　1998：241）とされる。それは系列が長期に継続することを前提に，契約を超えて，あるいは契約にこだわることなく，時には経済的便益すら越える特別な行動が強調されてきたことによる[3]。また両者の関係は，時間的な視点からみると，フランチャイズは契約に示された期間，すなわち契約終了時が明確に意識されているのに対し，系列ではしばしは終了時点が意識されていないという違いがある。

　系列において契約の終了が意識されてこなかった背景には，系列が取引費用の節約など継続的な関係によって投資した資本の回収が容易になるなど，経済的便益を前提にシステム化されていることから，ある意味では契約が無くとも

存在しうる関係であること，そしてわが国の系列関係が経済の成長過程で育ま
れてきたことから，長い間，契約の前提である経済的関係を意識することなく
安定的に維持されていたことがある。すなわち，仮に書面による契約が存在し
ていたとしても，契約が「インセンティブと責任の適切な組み合わせ（島田
1998：100）」として意識され，運用されてこなかったことがその背景にある。

　現在の国内市場は多くの産業分野で縮小局面を迎え，系列の経済安定機能も
縮小し，系列関係も終了を含めて意識しなくてはならない関係に移行しつつあ
る。しかし，系列下の中小企業には，系列としての意思決定が自社の経営に不
利を招くことを知りながら，系列政策の変更を働きかけたり，系列を離脱する
ことなく，依然として系列の秩序を重んじた行動を継続したり，系列を離れよ
うとしていない場合が少なくない。

　本章は，経営環境変化によって系列存在の前提が崩れるなか，中小系列業者
が依然系列にとどまり，系列を維持するように行動している状況について，系
列の代表例とされる石油販売業を対象に検証し，系列における慣性（inertia）[4]
について考察する。

２．規制緩和と系列変化の環境要因

　石油製品販売業の系列は，精製・元売を中心に，精製・元売と直接的に販売
契約を持つ特約店と，特約店と販売契約を持ち元売とは商標使用契約のみを持
つ販売店（副特約店）から構成されている。元売系列の主要製品はガソリンで
あり，ガソリンを販売するサービスステーション（ガソリンスタンド，以下SS
と略記する）が販売拠点であり，そのほとんどは元売，特約店，販売店，独立
した販売業者が所有・運営している。SSは，1994年の60,421カ所から21年間
連続で減少し，2015年度末には32,333カ所となり，精製・元売の販売チャネル
も大きく変化した。[5]

　急激なガソリン流通構造の変化をもたらした要因は，規制緩和，競争の高度

化，異業態間競争，需要の減少等があるが，ここでは経営環境の変化と系列関係の変化について，規制緩和，高度化，元売構造の変化（再編）の３つの視点からまとめる。しかし規制緩和が高度化や再編の動きに繋がり，高度化が規制の要因になるなど，この３つの要因は相互に密接に関連している[6]。

系列関係に変化をもたらした最大の要因は，1996年３月の特定石油製品輸入暫定措置法（以下特石法と略記する[7]）の廃止による石油製品輸入の解禁と小売段階における有人セルフサービスSS（以下セルフSSと略記する）の解禁（1998年４月）という，２つの規制緩和である。

特石法の廃止によって，石油備蓄法による70日分の備蓄義務等と揮発油等の品質の確保等に関する法律（品確法）による品質保持の要件を充たせば精製元売以外でも製品の輸入が認められることになった。

特石法の廃止が決まると，施行前から，特石法廃止後の市場地位の確立を目指して，元売間の激しい販売競争が繰り広げられた。実際にはガソリンの製品輸入はほとんど行われなかったが，元売による大型社有SSの建設競争や異業種からの新規参入[8]によって，販売競争が激化する要因となった。特石法廃止による元売のシェア争いは激烈であったが，系列特約店・販売店は，元売の代理競争を行っていたにすぎず，系列特約店・販売店は競争によって低下したマージンを事後調整によって補填されていたことから，競争はそのままSSの収益を圧迫したわけではなかった。ここでいう事後調整とは，商品代金をいったん支払ったのち，市況や経営状況を考慮して商品代金の一部を払い戻す制度であり，継続取引を前提としているからこそ機能する，系列の維持政策である。しかし，特石法の廃止を機に行われたSSの高度化競争，大型SSの建設競争などは，その後のSS構造に大きな影響を与えた。

この時点までは，系列特約店・販売店は元売の代理競争機能を果たしていた。SSの販売量はSS間で大きく違わなかったことから，元売の販売量を決めるのは，傘下の販売拠点数（SS数）であった。それゆえ販売拠点数を左右する，他系列のSSを自系列に転籍させるマーク替えは重要な施策のひとつであった。

1994年度には SS 数はピークアウトしたが，特石法の最終年度である1995年度の SS の転籍実績をみると，合計255件，前年比38％増となっており，元売間のマーク替えが激しく行われ，販売力・シェアの拡大に系列 SS 数（販売拠点数）が重要な要因であったことがわかる。[9]

　系列 SS の役割を含めた元売のチャネル戦略を大きく変えたのが，有人セルフ SS の解禁である。セルフ SS は，給油作業を顧客が代替することで機能割引を提供する業態であり，販売価格はフルサービスに比べて安く設定される。

　従来のフルサービス SS 間における競争は，基本的にサービス内容も価格もほぼ横並びであり，結果的に販売量にも大きな格差の生まれない同業態内の競争であり，元売の販売量を SS 数が決めるという低集中度販路であった。小売段階では激しい価格競争が行われていたが，最終的には同一価格に収斂するという意味で価格の横並びを前提としていた。また激しい競争によって，店頭サービスでも消費者にとっては違いがわからない程度に同質化された。同じ価格やサービスの同質的 SS が10を越える元売間競争を代替するという意味で，市場は過当競争状態であった。石油業界は精製・元売から販売業界までほぼ一貫して行政への依存と介入を繰り返してきたが，規制対象である SS が同質的であることは，行政の政策的介入を容易にしていた。[10]

　この同質的競争を前提にした業界に，コスト構造と販売方法の異なるセルフ SS が参入することで，業態間競争を引き起こした。セルフ SS は安い理由（機能割引）を前面に出し，低マージン・高ボリュームを基礎とした業態である。すなわち価格が異なることから成立する業態が，価格差を認めないことを前提に成り立っていた業界に加わることで，相容れない競争が繰り返されることになった。ここでいう相容れない競争とは，セルフ SS がフルサービス SS に対して機能割引を前面に出した価格を提示すると，価格差を認めないフルサービス SS が追随し，またセルフ SS がさらに価格を修正するという競争である。価格が同一に収斂する構造のもとでは，系列店は元売が推進した SS 店頭でのサービスの質など人的サービス力など SS 運営力を差別化の鍵としたが，セル

フSSでは，立地・施設など設備投資能力が競争優位の主要因になった。結果的にSS間で販売量格差が現出し，販売量が異なる業者によって構成されることを前提とする高集中度販路が加わることで，系列店の誘因と貢献は大きく変化することになった。[11]

そして第3に，規制緩和が系列の正当性を喪失させた供給元証明の廃止である。

1949年1月の元売制度の発足は，10年以上続いた政府の石油配給・統制組織の民営化の実現であった。それゆえ元売制度は配給公団の代替であり，元売登録制度が行われたことから，元売は政府から正式な権限を与えられた機関と位置付けられた。他方で，販売業者にも登録制度が行われていたが，石油販売業者の登録には，供給の最終遡り先の承認（供給元証明）が必要であったことから，石油販売業者は元売の特約店もしくは副特約店として契約を結び，いずれかの元売系列に所属する必要があった。すなわち元売制度の発足以降は，元売は販売業者の認可権と系列店の選択権を与えられていたことになる（小嶌　2003：70-75）。

登録制度は登録時点における完全系列化を担保したが，系列を変えたり（マーク替え），系列から離脱（PB化）したりする系列間異動を許容しないものではなかった。しかし1970年代後半には，系列を離脱した業者の廉売が大きな問題になったことから，1977年5月に再度，ガソリンスタンド（揮発油販売業者）を登録制とする事実上の完全系列化を促す揮発油販売業法が施行された。この完全系列化の前提が，1997年の供給元証明の廃止によって崩れた。これ以降，プライベートブランド（以下PBと略記する）や新規参入が相次いで行われ，業界構造の変化が加速された。PBの参入は，一方でナショナルブランドのブランド力の強さを再確認する機会となったが，ナショナルブランド間の違いを示すにはいたらなかった（石油情報センター　2000）。揮発油販売業法に代わる「揮発油等の品質の確保等に関する法律」（品確法）が施行され，品質確認義務が新たに加わった。品確法には登録制度はあるものの，あくまでガソリンの品質確保を中心としたが，系列店には10日に1回の品質確認義務を年1回まで軽減

する措置が設定されたことから系列所属の誘因（経済的便益）を追加すること
になった。[12]

3．業界間競争の進展と系列構造の変化

　1996年から2016年までの20年間で，ガソリンの販売チャネルは大きく変化し
た。規制緩和前の1992年から 5 年毎に確認すると，一般特約店の大幅な減少，
元売直営の拡大が急速に進んでいることがわかる（図表3-1）。規制緩和前の92
年では，一般特約店は約83% を占め，ガソリン流通の明確なメインチャネル
として存在していた。しかし一般特約店傘下の販売店の比率がまず減少し始め，
規制緩和後は特約店直営比率が減少し，特約店合計で53.1% までおよそ30ポイ
ントも低下した。特に販売店チャネルは25.7% から8.7% と 3 分の 1 となった。
他方，元売直営は92年の3.5% から97年には一挙に 5 % を越え，さらに2014年
には特約店傘下の販売店の8.7%，商社販売店・商社直営の7.8% を上回り22.6%
となった。[13]

図表3-1　ガソリン販売経路別シェアの推移

販売経路 / 年		1992	1997	2002	2007	2012	2014	92-14	増加率（%）
一般特約店	直　営	56.9	58.5	54.7	43.3	43.4	44.4	-12.5	-22
	販売店	25.7	21.8	16.8	12.9	9.0	8.7	-17	-66
	合　計	82.6	80.3	71.5	56.2	52.4	53.1	-29.5	-36
商　社	販売店		5.1	7.0	7.5	5.3	5.8	5.8	14
	直　営		0.4	1.0	1.4	2.0	2.0	2.0	400
	合　計	6.5	5.5	8.0	8.9	7.3	7.8	1.3	20
全農・ホクレン			5.5	4.8	4.9	4.3	4.7	4.9	-0.6	-11
プライベートブランド	特約店経由	1.6	2.8	6.2	7.2	6.8	5.7	4.1	256
	商社経由		0.5	1.0	5.7	7.3	5.8	5.8	1060
元　売	直　営	3.5	5.5	8.9	17.5	21.4	22.6	19.1	546

注）増加率は2014年の92年比。商社の小分類のみ97年比。プライベートブランドは，特約店のその他と商社のそ
　の他を合計したもの。自社系列以外に販売した数量も含む。
出所）資源エネルギー庁調べをもとに筆者作成。

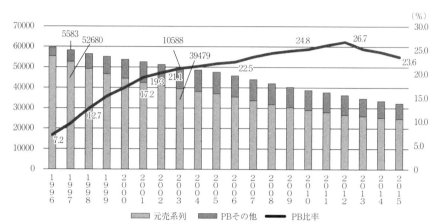

図表3-2　元売系列 SS と PB その他 SS 数の推移

注) 元売系列 SS 数は,『月刊ガソリンスタンド』「実用統計資料」の元売系列 SS 数。PB その他は, 品確法に基づく登録 SS 数と元売系列 SS 数の差, 商社系, 全農系, 独立系からなる。
出所)『月刊ガソリンスタンド』「実用統計資料」資源エネルギー庁　品確法に基づく登録給油所数集計結果。

　97年12月の供給元証明制度廃止の影響は, 廃止直後から元売系列以外の SS 数の増加に表れた。元売系列以外の SS は96年度末には SS 数4,289, SS 構成比7.2％であったが, 98年度には7,190, 12.7％に急増し, 2001年度に10,000を超え, SS 数では2002年度に10,588, 比率では2012年度に26.7％と最多となった。2013年 1 月に地下タンクの改修義務猶予が期限切れとなると, タンクの入れ替えが困難な SS が退出し, PB その他の SS も, 2013年度には一挙に10％程度減少し, 2015年度には比率も23.6％と2008年水準まで戻った。

　ガソリン流通経路の変動の最大の要因は, セルフ SS の導入による量販型 SS の急伸と量販型の伸張によるマージンの大幅な下落に対応したチャネル政策の変更であった。セルフ SS は, まず PB の業態転換から始まり, 次いで元売の直営, 大手特約店がこれに続き, 解禁後 4 年目から出店が加速された。特に2001年から2009年の 9 年間で8,409SS が集中的に出店され。この出店数は, 2015年までの出店総数10,930の77％, 出店数から撤退数を除いた累計数9,728で

図表3-3　セルフ SS の出店状況

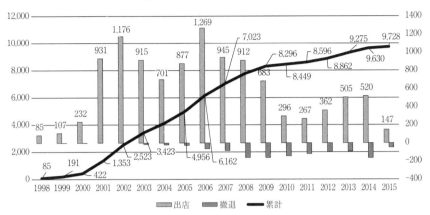

注）累計は出店から退出を引いた年度末運営数。
出所）石油情報センター「セルフ SS 出店状況調査」をもとに筆者作成。

図表3-4　セルフサービスとフルサービスの販売量格差推移

年／油種	2002	2003	2004	2005	2006	2007	2008
S　G(高揮)	3.9	3.8	2.6	2.8	3.1	3.5	3.1
R　G(並揮)	2.9	3.0	2.3	2.6	2.7	3.2	2.9
ガソリン計	3.1	3.2	2.4	2.6	2.8	3.2	2.9
軽　油	1.2	1.1	1.1	1.0	1.0	0.7	0.9
灯　油	1.4	1.0	1.3	1.4	1.2	1.0	1.0
合　計	2.3	2.3	1.9	2.1	2.1	2.2	2.1
年／油種	2009	2010	2011	2012	2013	2014	
S　G(高揮)	3.9	3.6	4.3	3.8	3.7	4.0	
R　G(並揮)	3.1	3.1	3.7	3.4	3.7	3.5	
ガソリン計	3.2	3.2	3.7	3.5	3.7	3.6	
軽　油	0.8	1.2	1.3	1.2	1.2	1.3	
灯　油	1.1	1.0	0.8	0.7	0.7	0.7	
合　計	2.2	2.2	2.4	2.2	2.3	2.2	

注）セルフ SS の販売量がフルサービス SS の販売量の何倍になるかを計算したもの。
出所）全国石油協会『石油製品販売業経営実態調査報告書（各年版）』より筆者作成。

も81％にあたり，この新業態が一挙に拡散したことがわかる。

　セルフ SS の増加を受けて販売量は，RG で一時2.3倍まで落ち込んだが，そ

の後，徐々にフルサービスSSとの格差を拡げ2011年度にはRG3.7倍，SGでは4.3倍を越えた。

　一方，フルサービスSSは，軽油・灯油の販売量では徐々にその格差を縮め，灯油では2011年にセルフSSを上回った後，フルサービスSSがセルフSSを上回るなど油種によって異なり，セルフSSは自動車用燃料，フルサービスSSは配達を含め生活用燃料拠点となった。[14]

図表3-5　フル・セルフ及び企業規模別のSS敷地面積

施設規模	業　態		セルフSS		フ　ル	
	フ　ル	セルフ	中小企業	大企業	中小企業	大企業
小　型	43.6	12.3	12.5	10.4	44	33.8
中　型	38.3	30.6	31.3	22.4	38.7	28.8
大　型	15.0	38.5	39.1	31.3	14.5	25.2
超大型	3.2	18.6	17.1	35.8	2.8	12.2

出所）全国石油協会『石油製品販売業経営実態調査報告書（各年版）』より筆者作成。

　高度化投資の面からセルフとフルの比率をみると，セルフSSは大型（301～500坪以下），超大型（501坪以上）で約57%を占めているのに対し，フルサービスSSでは約82%が小型（200坪以下），中型（201坪から300坪以下）となっている。セルフSSについて運営企業の規模別にみると，セルフSSの中でも大企業は約36%で超大型が最も多く，中小企業では大型が約39%と最も多い。立地と施設に依存するセルフSSは企業規模など投資力が影響している。このようにセルフSSの浸透は，元売の販売経路を大きく変化させ，元売にとっての系列の存在意義を希薄にすることになった。

４．元売の再編と系列意識

　2005年から2014年の自動車保有台数（乗用車）は約5%上昇したが，自動車用ガソリン販売量は15%減少し，ガソリン需要の減少は燃費の向上によって

もたらされたことがわかる。この間，ガソリンスタンド数は32％も減少し，ガソリン需要の2倍も減少した。しかし実際にはSSの減少をガソリン需要のみで説明することは正しくない。1SS運営のガソリン粗利構成比は9％に過ぎず，灯油・軽油の構成比率の方が高い。この期間の軽油の減少率は10％に留まっているが，灯油は41％も減少しており，この影響も大きい。しかも石油製品需要想定検討会は，灯油は2019年度までにさらに23％も減少すると想定しており，[15]灯油・軽油の収益依存の高い3カ所以下のSSはさらに厳しい経営状況におかれる可能性がある（全国石油協会　2015）。

　このなかで精製会社は，合理化・高度化による競争力強化を目指して再編を進めている。JX日鉱日石エネルギー（JX）と東燃（TG）は2017年4月に合併することとなり，また，昭和シェルと出光興産が合併に向けて準備を進めているが，この合理化・高度化を特約店・販売店ネットワークの側面からみれば，SSの合理化・再編に他ならない。

　精製・元売の再編と販売網の合理化の関係をみると，1999年の日本石油と三菱石油の合併時を基準にして，5年間における日石三菱の系列SS数とそれ以外のSS数を比較すると，日石三菱系列は17.5％も減少したが，それ以外のSSは9.3％減にとどまり，日石三菱はほぼ倍（1.9倍）の合理化を実現した。同様に2001年度末を基準に東燃ゼネラル石油，エクソンモービルの合併効果をみると，EMG（エッソ，モービル，ゼネラル）系列は2005年末までの5年間で15.3％減少したのに対し，EMG以外は12.3％減であった。また10年間でみるとEMGは54.8％減，EMG以外が32.1％減であり，合併効果のひとつはSS網の合理化によってもたらされている。今後，合理化，競争力強化を目的にした精製・元売の合併が行われれば，系列SS網の再編・合理化を避けることはできない。

　2015（平成27）年度の全国石油協会の「石油製品販売業経営実態調査」によると，今後の給油所運営方針において，継続を考えている販売業者は71.7％，廃業を考えている販売業者は12.2％であった。廃業理由は，施設の老朽化33.1％，後継者不在31.1％，地下タンク規制強化への対応不可16.7％と後継者・

図表3-6　運営数別・粗利益額部門別構成比（％）

SS運営数	ガソリン	灯油・軽油	その他燃料	オイル油外	SS合計	兼　業
1カ所	9	13	1	5	30	70
2から3カ所	20	21	1	16	63	37
4から5カ所	16	11	1	13	47	53
6から9カ所	13	9	0	17	44	56
10カ所以上	23	7	0	19	60	40
合　計	14	13	1	12	44	56

出所）全国石油協会『石油製品販売業経営実態調査報告書（平成27年版）』

図表3-7　石油製品の需要想定

	25年度（実績）	26（実績見込）	27	28	29	30	31	25/31年度増加率（％）
ガソリン	55,419	53,022	53,187	51,823	50,678	49,458	48,310	87
灯油	17,894	16,849	16,534	15,934	14,913	14,422	13,766	77
軽油	34,079	33,550	33,780	33,761	33,571	33,564	33,532	98
燃料油計	193,520	182,774	184,270	181,086	177,024	173,979	171,089	88

出所）石油製品需要想定検討会燃料油ワーキンググループ（2015年4月9日）

施設という避けられない要因が3分の1以上あり，さらに燃料油の販売量減少40.9%，粗利益減少34.6%と業績面の理由が挙げられており（全国石油協会2014：69），精製・元売の販売網の合理化・再編による系列内競争が追加されれば，さらに多くの系列SSが系列を離脱するか，廃業に進むことになる。

　再編の動きのなかで昭和シェルと出光興産の合併は，出光創業家が創業理念を堅持する立場から合併に反対を唱えている[16]。しかし再編で苦しい立場に立たされたり，経営存続を脅かされたりする可能性が高い出光興産の販売店会は，逆に再編を促すなど，再編に賛成する意見が示された[17]。精製・元売と個々の販売店にとっては利益が異なるはずにもかかわらず，なぜこのような意見表明が行われたのか系列組織の特質からみる。

　この意見表明が行われた背景には，大手特約店と中小特約店・販売店の間に，系列内仕切りの大きな格差に対するきわめて深刻な不満がある。2015年9月か

ら2016年8月までの1年間では，系列内でもっとも安価に仕入れている特約店
と中小特約店・販売店の仕切価格は平均10.4円／ℓの格差があった。さらに系
列外製品（流通玉，業転玉）でも，大量に仕入れる大手と少量仕入れの中小の
間には3.6円／ℓの格差があり，両者を合わせると仕切り格差は平均14円／ℓも
あった。[18]この格差は，中小系列の仕切価格がコスト積み上げ方式で決まるのに
対し，大手の系列価格が系列外製品を反映して決まることから，系列外製品に
引っ張られて低下することから発生するとされ，石油商業組合等は仕切格差の
原因を安価な系列外製品の流通にあるとして繰り返し是正を訴えている。それ
ゆえ中小特約店・販売業店の期待は，精製・元売が合併することで，系列外製
品の絞り込みなどの管理が強化され，系列外製品が値上がりし，大手向け系列
内最低価格が値上がりし，系列内格差の縮小に繋がる，という構図である。確
かに元売のパワーが強くなれば，大手特約店の交渉力が弱くなり，系列外製品
の影響の排除，系列内格差は縮小する。しかし大手特約店は傘下に多くの販売
店を有し，販売店への債権管理を引き受けている。仮に収益構造の変更を受け
入れるとすれば，債権管理を引き受ける余力は同時になくなる。これは債権管
理を中心に形成されてきた精製・元売のチャネル管理がブランド管理等に変更
され，元売が自ら債権管理を実施することを意味する。元売にはそのようなノ
ウハウはなく，この移行には困難が伴う。[19]

　この元売の再編を促す中小特約店・販売店のストーリーは，系列外製品の仕
入れのメリットを享受してきた大手業者が利益喪失を受け入れ，販売量の関係
から系列外製品の仕入れのメリットのなかった中小業者にメリットを与えるも
のであり，系列内の利益は相反するが，これを元売のパワーで可能にするとい
うものである。[20]しかし，このストーリーが実現するためには，透明な卸売価格
システム，差別的取り扱いの排除，差別対価の排除が行われ，精製・元売の恣
意的な対応が排除されることが前提となる。なぜならば仮に再編が先にあり，
透明な卸売システム等の整備が後に続けば，強大なパワーを持つことになる精
製・元売が率先してコンフリクトを招く商慣習の改革をすすめるとは考えにく

いからである。しかしながら，これが中小特約店・販売店が精製・元売の再編に反対しない最大の理由であり，結果的に精製・元売系列の枠組みの中で経営改善をすすめる選択理由である。

　この論理に影響を与えているのが，系列取引の中で培われてきた経営者の非合理的な意思決定（意思決定バイアス）である[21]。小特約店・販売店には，長年系列の構成員として努力してきた以上，「うちに限って精製・元売が冷淡な態度を取ることはない」というコントロール幻想や[22]，「今後のこのことは分からない。しかし現時点の状況は，おそらく将来においてもそのまま継続する」という信念が形成されるトレンド予測のバイアスが[23]，一貫性のバイアスによって強化された結果の行動と考えられる（寺石　2000：156）。

　また，系列店の意思決定が特約店会という場所で行われることから，系列内での関係を維持したいという規範的動機や自分が確信を持てないために，「判断の妥当性根拠として受け入れようとする情緒的動機もある（寺石　2000：148-149）。系列価格の問題は系列内格差にあることは明らかであるにもかかわらず，問題を系列外製品にすり替えるロジックは，まさしく規範的動機が機能している。

　そして多くの元売系列の特約店・販売店会は，県別，地方別，全国組織の3段階となっており，この特約店会の執行部は地域の代表的な特約店によって構成されていることが多く，これらの有力な特約店ほど元売との関係が緊密であり，元売との相互利益を享受し，経営状況が良いのが一般的である[24]。そのため県，地方，全国と意思決定が進んでいくうちに地域の中小系列店の危惧や不安は，組織としては保持されにくくなる。一方，一度全国レベルで意思決定がされると，あとは意思決定への賛否にかかわらず，全体の意思決定として取り扱われる。ここに小特約店主と特約店会の総意の間に離齬が生まれる。

　販売量に違いがなかった段階では，小規模SSは系列外製品の購買（浮気買い）によって自らの意思表示（価格への不満）を行い，多くの小規模SSが同様の対応を取ることで元売の販売実績に影響を与え，元売の仕切調整などへの対応を

図表3-8　売上高経常利益率のばらつきの変化と系列意識

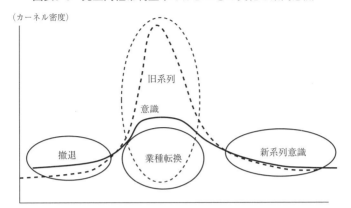

注）売上高経常利益率の平均からの乖離（％）
出所）『中小企業白書（2015年）』第2－1－4図より小規模企業のみを抜粋して利用。

引き出すことができた。しかし系列内で格差が拡大すると，もはや小規模特約店の系列外製品の購買は，量販店，直営店の販売拡大によって容易に補うことができるため，元売の仕切調整に影響を与えることはなくなる。

　さらに系列内の収益構造は，系列が系列内の経営安定機能を果たしていた時点では，尖度が高くなっていたが，系列安定機能が弱体化すると，系列内の経営格差が大きくなり，経常利益率の分布は裾野が広がり，緩やかになる。この中で系列特約店の意思決定の対象範囲は，まとまった大きな勢力（旧系列意識）から，元売との良好な関係を維持した一部の勢力（新系列意識）にシフトすることで，外面的には変わることなく従来の系列意識が維持され続け，これが系列意識の慣性となる。それゆえ系列の慣性は系列意識の意思決定者のシフトによって慣性を持っているように見えるのである。

5．まとめ

　経営環境の変化によって系列の果たす機能である経営安定機能などが縮小し，

50

系列の存在の前提が崩れるなかでも，系列が維持されている。とくに系列の競争優位性を優先し，自らにとって不利な政策を採用する時ですら，系列内の中小企業が系列内に留まり続けることすらある。中小の系列店がこのような系列維持活動をとる大きな理由は，目前に存在する経営上の極めて深刻な経営課題の解決と，その解決策によって訪れる新たな課題との比較の中で，先の課題よりも目前の課題の解決を優先する結果である。石油販売業のケースでは，精製・元売の再編によって販売網の再編，合理化がもたらされることを知りながらも，再編による精製・元売の強化が経営改善に有効であると判断することを指している。

そして，系列意識の慣性を支えているのが，長期にわたる系列取引の中で培われてきた経営者の非合理的な意思決定を助長するバイアスの存在である。過去の経緯を重視して系列内地位の保全を予測したり，過去の信頼関係をそのまま延長させたり，自らの判断を超える場合に現状が続くと認識したり，系列内の販売店会の関係維持のために販売店会の意思決定を受け入れたりすることもある。石油販売業の場合には，課題の本質が系列内格差にあるにもかかわらず，その遠因である系列外製品を市場混乱の誘因とするなど，系列維持を前提にしたロジックが組み立てられる。

そして系列の機能の弱体化が進むことで，系列が行ってきた経営安定機能が薄れ，経営状況の分散が大きくなると，系列の意思決定は，多数の構成員から，順に一部の構成員を振り落とす形で主体がシフトし，結局，系列の意思決定が，経営環境の変化にもかかわらず，外部からは変わっていないように認識される。すなわち系列の慣性は系列意思の決定者のシフトによって起こるのである。

（小嶌　正稔）

注
1）ここでいう系列とは，企業集団や企業グループの系列ではなく，製品の生産から販売にいたる流通系列を対象としている。
2）「日本の系列に日本的特徴があるのは当然だが，海外にも同様の企業の結合や

支配は存在する。例えば日本で流通系列といっているものを海外でマーケティング・チャネルとか垂直的マーケティング組織といっていると考えてよい」（島田 1998：284）。

3) この具体例として，製パンメーカーの山崎製パン（以下ヤマザキ）が1966（昭和41）年に大阪に進出した際の販売店会の支援がある。当時，大阪では地元メーカー，名古屋や京都のメーカーが激しく販売競争（販売店拡張競争）を繰り広げていた。東京のヤマザキは苦戦を強いられていたが，「『販売店は販売店どうしだ』と販売店会の役員の人達が文字通り，手弁当で関東から応援に駆けつけてくれたのである。大阪へ着くと，さっそく配送車や宣伝カーに同乗し，販売店を回った。拡売員の説得を脇から助け，ヤマザキと取引してからの体験，工場設備のすばらしさ，製品の品質の良さ，そして藤十郎の人柄にいたるまでが語られた」（山崎製パン　1984：102）。

4) 慣性とは，「外力が働かなければ，物体はその運動状態を保つという性質。惰性」（デジタル大辞泉）であるが，ここでいう慣性とは，過去の経営経験を重視し，外部からの力が加わってもなお，方向を変えないような力として使用している。

5) SS数は資源エネルギー庁の「揮発油販売業者数及び給油所数の推移（登録ベース）」で，揮発油販売業法，品確法に基づくSS数，可搬式も含む。

6) 石油販売業にとっての経営環境要素は直接的なものだけでも，精製・元売，特約店・代理店（系列店），自動車燃料，暖房用燃料，政府，競争エネルギー，環境，自動車のアフターマーケット，コンビニエンスストア，ファーストフード，スーパーマーケットなど幅広く存在し，相互に複雑に影響を与えている。

7) わが国の石油製品の供給体制は，輸入原油を精製して石油製品を生産する国内石油精製を軸として，これに製品輸入を補完的に組み合わせていく消費地精製方式を根幹としている（石油連盟　2015：15）。そのため，IEA（International Energy Association）が中東の巨大輸出専用製油所の稼働を機に石油製品の輸入を求めてきたことに対応し，消費地精製主義と製品輸入の関係から石油製品の輸入を備蓄，品質調整能力，輸入量の変動に対応できる国内代替生産能力を備えた者，すなわち輸入業者を精製・元売会社に限定する特石法が制定された。

8) ダイエー，ジャスコ，BPなどが進出した。ダイエーは，1996年にわが国初のSC併設型のガソリンスタンド（DMガスステーション，ダイエーと丸紅）を長野県松本市に開所した。2015年12月現在17カ所。ジャスコは，三菱商事とメガペトロ，カーショップのオートバックス，そしてBPが進出した。BPは2001年度に撤退。

9) 転籍条件としてキロリットルあたり1年目は7千円引き，2年目5千円引き，3年目3千円の転籍料（七五三方式）などが支払われていた（月刊ガソリンスタ

ンド 1996：141)。

10) たとえば，SS 建設規制においても1961年〜1990年まで29年間，主なものだけでも18の施策・指導が実施された（小嶌　2003：121）。

11) 元売の誘因スキームには，安定供給機能，需給の質的調整機能，商標機能，経営支援機能，情報提供機能，金融機能がある（小嶌　2003：180-186)。

12) 品確法は，揮発油販売業者に対して10日に１回の品質確認義務を課しているが，① 石油生産業者から揮発油販売業者までの流通経路が一定であること，② 流通経路において途中で品質の変更が加えられないこと，③ 申請前１ヵ月間，品確法に定める規格に適合しない揮発油を販売していないこと，により分析頻度を計画期間中（最長１年）に１回とする軽減認定制度を設けている。これは，品確法上，出荷ごとに揮発油の確認義務が課されている石油生産業者（元売等）から給油所（ガソリンスタンド）までの揮発油の流通が同一の者のみで行われ，かつ，これらの者すべてが品質に変更を加えない蓋然性が高い場合には，揮発油の品質が確保されることが確実であることから，分析頻度を軽減しているものである。また2015年２月に軽減認定制度の要件の見直しが行われ，① 石油生産業者から揮発油販売業者までの主たる流通経路が一定であること，② 品質規格に適合しない揮発油を販売しないことが確実であることになり，事実上系列業者にはこの軽減の利益を受けることができる。

13) 米国メジャーは安定的に直営比率５％程度を維持してきたが，わが国ではほぼ全量を特約店（商社等を含む）に依存してきた。米国のメジャーは1997年よりコンビニエンスストアの高度化競争が激しくなったことから，上流・精製に特化する道を選んで小売りからの撤退を進め，2016年では直営比率0.4%とほぼ撤退を完了した（NACS　2015：29）。

14) 自動車燃料拠点と生活燃料拠点という差別化は有力な業態発展方向の示唆となる。

15) 2016年４月１日，総合資源エネルギー調査会 資源・燃料分科会 石油・天然ガス小委員会 石油市場動向調査ワーキンググループ（第３回）―配布資料2，4。

16) 2016年９月23日の出光昭介氏の「出光会会員の皆様へ」の書簡。

17) 「出光には各地域の販売店で構成する出光会，および出光会を束ねる『全国出光会』がある。2016年９月26日に全国出光会の臨時理事会が開催される。その後，出光の販売店全体の方針が示される予定だ。具申書では「今回の業界再編による市場の正常化は，（中略）かねてより渇望するところでした」と出光興産と昭和シェル石油の合併に賛成の立場がハッキリと示されている」（日経ビジネスオンライン　2016年９月16日）。

18) この仕切価格は，東京都石油商業組合の仕切価格アンケート調査結果による。

アンケートの回答数が少ない月もあるが，傾向を理解する上で使用した。

19）一方で，販売店チャネルは急速に縮小しており，現在残っている販売店では債権管理は大きな問題にならないという意見もある。

20）これは，筆者が2016年7月から11月までの5ヵ月間で12県の石油商業組合等において行ったヒアリングにおいて，中小特約店・販売店から繰り返し聞かれたものを集約したものである。

21）「合理的な意思決定とは，客観的に存在するあらゆる代替案を見出し，その中から目的にかなう最適な手段を決定することであるが，情報の不完全性や人間の認知能力の限界から現実にそれを行うのは不可能に近い。そこで人間は，経験によって単純化された便法（ヒューリステック）によって意思決定を行っているのであるが，それに伴って必然的な副作用として発生するのが，合理的な意思決定として想定されるものからの一定方向のズレ，すなわち意思決定バイアスである」（寺石　2000：141）

22）コントロール幻想とは「自分が何らかの形で関与したタスクについて成功する確率を客観的な状況が示す確率よりも，主観的に高く見積もる傾向」のこと（寺石　2000：146）。

23）トレンド予測のバイアスとは，「過去から現在に至る時系列データをもとに将来のトレンドを予測する場合，現在までの変動パターンが，基本的には今後も継続するとの認識を持つ傾向」（寺石　2000：148）。また一貫性のバイアスとは，「自分が認識する複数の要素がなるべき，一貫性を保つ方向に，自らをどう築ける傾向を有する」こと（寺石　2000：146）。

24）営業利益率ベースでみると，1カ所運営会社の赤字は48.0%であるのに対し，6-9カ所は20.0%，10カ所以上は22.2%と赤字比率が低い（全国石油協会　2015）。

参考文献

Dicke T. S.（1992）*Franchising in America: A Development of a Business Method, 1940-1980*, University of North Caroline.（河野昭三・小嶌正稔訳，2002，『フランチャイジング』まほろば書房）

NACS（2015）Retail Fuels Report 2015, The Association for Convenience & Fuel Retailing.

『月刊ガソリンスタンド（各年版）』「SS実用統計資料」

小嶌正稔（2003）『石油流通システム』文眞堂

小嶌正稔（2006）「わが国におけるフランチャイジングの生成」『経営論集』第67号，東洋大学経営学部：133-149

島田克美（1998）『企業間システム―日米欧の戦略と構造』日本経済評論社

石油情報センター（2000）『石油製品流通におけるブランド意識調査報告書』（平成12年3月）

石油連盟（2015）『今日の石油産業』石油連盟

全国石油協会（各年版）『石油製品販売業経営実態調査報告書』

寺石正英（2000）「企業家の意思決定特性とベンチャー倒産」福田昌義編著『ベンチャー創造のダイナミクス』文眞堂：139-162

山崎製パン（1984）『ひとつぶの麦から―山崎製パン株式会社創業三十五周年記念誌』

参考 URL

日経電子版2016年9月22日2：00「出光販売店『合併推進を』全国組織，創業家に伝達へ」（最終閲覧日　2016年11月30日）

第4章

スモールビジネスにおける経営財務指標と資本コスト

1. はじめに

　スモールビジネスの概念は，ビッグビジネスに対応する概念としてとらえ，事業規模が小さい企業体を考える。日本企業では売上高50億円以下の企業規模を考え，株式市場に上場していない企業，もしくは上場していたとしても企業年齢が浅い企業を考える。この考えの根底には，スモールビジネスの経営者が経営体を維持し発展させていくうえでの経営財務の理論をここで提示しようとする著者の意図による。東洋大学経営力創成研究センターが主催した過去10数年にわたるシンポジウムのなかで，多くの経営者とりわけ事業規模の小さい企業の経営者の経営体の維持に関する講演・報告のなかで，大事なものの一つに財務の問題があることを著者は，長年にわたって関心を持ち研究を進めてきた。この財務の問題が経営の経営意思決定のなかでどのような具体的な経営意思決定基準でもって実践されているかについては，経験や勘にたよっているといわなければならない。そこで，ここでは，経営財務的アプローチから，経営財務指標を使って，その理論的構造を明らかにすることにより，スモールビジネスの経営者が経営に使える経営財務理論を提示したい。

2. スモールビジネスにおける経営財務指標の意味

　スモールビジネスの企業経営において，その経営財務指標を何に求めるかについては多くの議論があり，また財務分析の世界においても会計的レベルにおいても，十分明確な議論とはなっていないといえる。通常，経営者の経営実践

では，会計的な経営分析の理論で経営実践しており，経営にとって最も重要な職能である財務の経営分析の理解は不十分であるといってよい。このことは，経営者が会計的な理解はなされているとしても，財務の理解については，十分でなく，現代の経営実践においては，その理解度が極めて弱いものとなっているといわなければならない。

　われわれが，企業体の経営分析を行う場合，とくに財務分析を行う場合，事後的な会計データによる財務分析では，総資産利益率（Return on Assets，ROA）を中核とする体系分析および自己資本利益率（Return on Equity，ROE）を中核とする体系分析を試みてきた。

　これらで展開してきた議論の根底は，スモールビジネスやビッグビジネスといった規模とは関係なく，すべての企業体に適用できる財務分析の理論分析として考えてきたものである。したがって，まず財務分析で行われる各比率分析を財務の体系分析の視点から明らかにすることによって，経営財務の意思決定過程に利用可能な経営財務政策を実践できるという意味で，経営財務指標は，重要な役割を果たしてきたといえる。

　総資産利益率の理論の基礎は，財務統制システムとして事業部制でも採用されてきたデュポンシステムの財務の理論によっている。総資産利益率は，売上高利益率と総資産回転率とに分解して，その積によって統制する経営財務の理論である。スモールビジネスの経営財務においてこの財務統制システムが総資産利益率を経営財務指標として経営意思決定に適用できる意味という，重要な経営実践原理となっている。これらの理論的考察は，後の項で明らかにする。

　他方，自己資本利益率の理論では，総資産利益率の理論とは違って，総資産利益率，負債比率，利子率や税率の財務変数を考慮した体系分析を構造しており，経営財務指標として優れた財務分析の示しているところに特徴をもっている。この点についても後の項で理論を展開することになる。

　続いて，企業価値評価と資本コストの関連を理論的に明らかにする。これは，スモールビジネスの上場において重要な理論となる。

3．わが国中小企業の収益性比率の実態

　わが国スモールビジネスの経営財務指標の実態はどうなっているのか。ここでは，その手掛りとして，中小企業診断協会編による『中小企業の財務指標』を援用して，わが国の中小企業の経営財務指標の実態を明らかにしてみよう。なお，ここでは後の項で理論展開するROAの理論やROEの理論の経営実践に役立つ収益性分析に限定して，その一端をみてみることにする。

　この資料のなかで，総資本営業利益率，総資本経常利益率で使われる総資本は総資産に置き換えてよい。また経常利益の概念は，日本の会計基準で使われているものである。

　スモールビジネスの経営者は，図表4-1の6．で示している売上高営業利益率を基本に経営実践する必要がある。この経営実践は，ROAの理論の方程式（p.63a式，ここでは税引後利益率）にある第一項を示しており，13．で示している第二項にある総資本回転率（総資産回転率）とともに，財務統制システムを使っ

図表4-1　中小企業診断協会による算定比率の意味と良否

比率名	比率の意味	良否の原因	
		良	否
収益性分析	1. 総資本営業利益率	総資本（総資産）を用いて営業活動を行った結果，営業利益をどの程度得ることができたか，すなわち，営業活動の効率性を示す。	〈○：比率大〉5の売上高総利益率の向上，10の販売費・管理費比率の低下による。6の売上高営業利益率の向上・総資本の縮小，売上高の増大による13の総資本回転率の向上。	〈×：比率小〉6の売上高営業利益率の低下（総利益が小さい，販売費・管理費が多い）。13の総資本回転率の低下（売上高が少ない，総資本の過大）による。
	2. 総資本経常利益率	総資本（総資産）を用いて経常利益をどの程度得ることができたかを示す。経常利益は会社としての総合力を示し，総合収益性の分析に最も多く用いられる。	〈○：比率大〉営業利益の増大，営業外損益の黒字増大による7の売上高経常利益率の向上。総資本の縮小，売上高の増大による13の総資本回転率の向上。	〈×：比率小〉7の売上高経常利益率の低下（営業利益が小さい，営業外損益の赤字が増大）。総資本の過大，売上高の減少による13の総資本回転率の低下。

収益性分析	3. 総資本当期純利益率	総資本（総資産）を用いて当期純利益をどの程度得ることができたかを示す。 当期純利益は，経常利益から資産の売却損益などの特別損益，法人税などを加減したものである。	〈○：比率大〉 6の売上高営業利益率，7の売上高経常利益率の向上による8の売上高当期純利益率の向上。 総資本の縮小，売上高の増大による13の総資本回転率の向上。	〈×：比率小〉 8の売上高当期純利益率の低下（営業利益が小さい，経常損失が大きい）。 13の総資本回転率の低下（売上高が少ない，総資本が過大）。
	4. 自己資本当期純利益率	株主への配当原資は当期純利益であり，その利益と株主持ち分との関係（収益力）をみる指標である。 すなわち，株主の立場からみた収益力である。	〈○：比率大〉 営業利益の増大，営業外損益の黒字増大など，自己資本の大きさが適正である。	〈×：比率小〉 営業利益の縮小（赤字化），営業外損益の赤字増大など，自己資本が効率的に活用されていない。
	5. 売上高総利益率	売上総利益は営業利益，経常利益などの源泉であり，各種利益の最も基本となる利益である。 この比率は，取り扱っている製品や商品の単位当たりの収益力を示す。	〈○：比率大〉 製造原価（仕入原価）が低い，製品の価格競争力が高いことによる売上総利益の増大。	〈×：比率小〉 製造原価（仕入原価）が高い，製品の価格競争力が低いことによる売上総利益の減少。
	6. 売上高営業利益率	企業の総合収益性として営業利益（売上総利益－販売費・管理費）を重視して把握する場合に，その要因分析の一つとして計算される。	〈○：比率大〉 5の売上高総利益率が高い，10の販売費・管理費比率が低い。	〈×：比率小〉 5の売上高総利益率が低い，10の販売費・管理費比率が高い。
	7. 売上高経常利益率	企業の総合収益性として経常利益を重視して把握する場合に，その要因分析の一つとして計算される。	〈○：比率大〉 6の売上高営業利益率が高い，営業外損益の黒字が大きい。	〈×：比率小〉 6の売上高経常利益率が低い，営業外損益の赤字が大きい。
	8. 売上高当期純利益率	企業の総合収益性として当期純利益（経常利益－特別損益・法人税など）を重視して把握する場合に，その要因分析の一つとして計算される。	〈○：比率大〉 経常利益から特別損益・法人税などを加減した当期純利益が大きい。	〈×：比率小〉 経常利益が小さく（赤字である），特別損益・法人税などを加減した当期純利益が小さい（赤字である）。
	9. 売上高対労務費比率	製造経費の中の労務費が売上高に占める割合であり，5の売上高総利益率，34の労働分配率などの水準に影響する。	〈○：比率大〉 生産管理の良好，労務費水準の適正化，売上高の増大などにより，労務費の消費効率が高い。	〈×：比率小〉 生産管理の不十分，労務費水準が高過ぎる，売上高の減少などにより，労務費の消費効率が低い。

	指標	内容	〈○：比率大〉	〈×：比率小〉
収益性分析	10. 売上高対販売費・管理費比率	売上高に占める販売費および管理費の割合であり，6の売上高営業利益の水準に影響する。	販売費および一般管理費を構成する人件費，光熱費，広告宣伝費，交際費などのコスト管理が良好であり，売上高も大きい。	左記の諸経費の管理が十分でない。また，売上高も小さい。なお，売上高の増減は，販売促進とともに，製品の魅力（品質，価格など）も影響する。
	11. 売上高対人件費比率	販売費・一般管理費のうちの人件費が売上高に占める割合であり，10の売上高対販売費・管理費比率，34の労働分配率などの水準にも影響する。	販売および管理に関する人材が効率よく働いており，また，売上高も大きい。	左記の人材の仕事の効率が悪い，人件費水準が高過ぎる。また，売上高も小さい。
	12. 売上高対支払利息割引料比率	売上高に占める支払利息・割引料の割合であり，収支面での調達資金のコスト負担状況を示す。	有利子の借入金が少ない，その金利が低い。また，売上高も大きい。	有利子の借入金が多い，その金利が高い。また，売上高も小さい。
	13. 総資本回転率	売上高を総資本（総資産）で除したものであり，投下資本がどの程度の効率で売上を得ることができたかを示す。	総資本を構成する棚卸資産，売上債権，固定資産などの管理が良好であり，効率的に適用されている。	左記の資本の回転率が低い（資産が過大である）。また，売上高が小さい。
	14. 固定資産回転率	各種固定資産全体についての分析指標であり，回転率の高いほうが資金繰りに余裕をもたらす。	遊休資産の売却，設備投資の適正化などにより，効率的に資産活用が行われている。また，売上高が大きい。	遊休資産があり，過剰な設備投資が行われている。また，売上高も小さい。
	15. 有形固定資産回転率	固定資産のうち，土地や建物，設備など営業活動に使う有形固定資産に関する分析指標である。当然，14の固定資産回転率より高くなる。	有形固定資産への投資が適切であり，その後の経営環境変化などにも適切に対応して資産活用している（遊休資産は処分）。また，売上高も大きい。	遊休資産を保有している。売上高が小さく，有形固定資産が有効活用されていない。
	16. 売上債権回転期間	受取手形および売掛金の合計である売上債権の回収に必要な日数を示す。	取引先の信用調査，取引先ごとの売上債権管理が適切に行われている。また，売上高も大きい。	左記の管理が適切に行われていないため，過大な売上債権を抱えている。また，売上高も小さい。

| | 17. 棚卸資産回転期間 | 商品・製品，半製品・仕掛品，原材料・貯蔵品などの平均的な在庫期間を示す。 | 〈○：数値小〉
左記の棚卸資産の発注，在庫，入出庫などの管理が適切に行われており，適正在庫である。また，売上高も大きい。 | 〈×：数値大〉
左記の管理が適切に行われていないため，過剰在庫となっている。また，売上高も小さい。 |
| 収益性分析 | 18. 買入債務回転期間 | 外部から仕入れる原材料や商品の支払を支払手形や買掛金で行っている場合に，何日分の売上で支払ができるかを示す。この指標と16の売上債権回転期間と合わせて資金繰り状況を総合的に分析する。 | 〈○：数値大〉
買掛金や支払手形のサイトの長期化，支払期間が長いほど自社の資金繰りの好転に寄与する。 | 〈×：数値小〉
買掛金や支払手形のサイトの短期化，その金額の減少，売上高の増大などによる。 |

出所）中小企業診断協会編『中小企業の財務指標』同友館（2015）pp.12-20

てマネジメントするうえで役に立っている。

　次に，図表4-2は，中小企業診断協会編による『中小企業の財務指標』を援用して，わが国の中小企業の経営財務指標の実態を全産業平均および製造業を中心に明らかにしてみよう。なお，ここでも収益性分析のみを取り扱う。

　このなかで，全産業平均における総資本営業利益率，売上高営業利益率および総資本回転率（総資産回転率）に着目してみる。まず総資本営業利益率（総資産営業利益率）は，1.1％〜2.4％にあり，低い状態にある。売上高営業利益率は1.0％〜2.1％にあり，この数値も低い状態にある。また総資本回転率（総資産回転率）は，1.1回〜1.2回にあり，わが国中小企業の経営財務指標は低い状態にあることがわかる。

　他方，製造業の分類では，次のようになっている。

　まず，総資本営業利益率（総資産営業利益率）は，0.2％〜3.3％にわたっており，最近，改善しているとはいえ，低い数値となっている。総資本回転率（総資産回転率）は1.0回〜1.1回であり，わが国中小企業の低さを示している。

　いずれにしても，スモールビジネスの経営者は，自社の経営実態を明らかにするためにわが国中小企業の経営指標がどういう実態にあるかを知る必要がある。加えて，優れた経営財務指標をもつ同業他社を目標とし，自社の経営財務

図表4-2　中小企業診断協会による全産業平均および製造業における5年間（平成21年〜平成25年）にわたる調査

[1] 全産業平均

		21年調査	22年調査	23年調査	24年調査	25年調査	25年調査の従業員区分による 5人以下	6〜20人	21〜50人	51人以上
総合収益性分析										
	1. 総資本営業利益率 (%)	1.7	1.1	1.9	2.4	2.4	0.7	1.8	2.5	3.8
	2. 総資本経常利益率 (%)	2.5	1.5	2.2	2.8	2.9	1.1	2.4	3.0	4.3
	3. 総資本当期純利益率 (%)	0.4	0.1	0.7	1.0	1.4	0.4	1.2	1.4	2.2
	4. 自己資本当期純利益率 (%)	1.4	0.4	2.2	3.1	4.9	4.2	4.1	3.9	5.6
売上高利益率分析										
	5. 売上高総利益率 (%)	24.1	24.8	25.2	25.0	25.2	33.9	27.0	24.7	21.9
	6. 売上高営業利益率 (%)	1.4	1.0	1.7	2.0	2.1	1.0	1.4	2.0	2.8
	7. 売上高経常利益率 (%)	2.1	1.3	2.0	2.3	2.6	1.7	1.9	2.4	3.2
	8. 売上高当期純利益率 (%)	0.3	0.1	0.6	0.9	1.3	0.6	1.0	1.1	1.6
	9. 売上高対労務費比率 (%)	6.4	6.8	6.8	7.1	7.1	3.5	6.0	7.9	9.6
	10. 売上高対販売費・管理費比率 (%)	22.7	23.8	23.5	23.0	23.1	32.9	25.6	22.7	19.1
	11. 売上高対人件費比率 (%)	10.8	11.4	11.2	10.9	10.7	14.6	12.2	10.7	8.8
	12. 売上高対支払利息割引料比率 (%)	0.4	0.8	0.7	0.7	0.6	1.1	0.6	0.6	0.4
回転率・回転期間分析										
	13. 総資本回転率 (回)	1.2	1.1	1.1	1.2	1.1	0.6	1.3	1.2	1.3
	14. 固定資産回転率 (回)	2.6	2.3	2.4	2.6	2.4	1.2	2.7	2.7	2.9
	15. 有形固定資産回転率 (回)	3.4	3.0	3.2	3.3	3.0	1.5	3.4	3.4	3.8
	16. 売上債権回転期間 (日)	48.4	49.4	48.1	50.2	50.1	65.7	41.7	46.7	50.1
	17. 棚卸資産回転期間 (日)	26.8	27.0	27.4	25.9	27.2	40.4	23.7	24.3	25.7
	18. 買入債務回転期間 (日)	40.2	38.7	37.4	38.7	44.5	69.1	36.8	39.2	42.2

（左欄縦書き：収益性分析）

[2] 製造業

		21年調査	22年調査	23年調査	24年調査	25年調査	25年調査の従業員区分による 5人以下	6〜20人	21〜50人	51人以上
総合収益性分析										
	1. 総資本営業利益率 (%)	1.6	0.2	2.3	2.9	3.3	-0.2	1.8	2.0	4.3
	2. 総資本経常利益率 (%)	2.6	0.8	2.6	3.2	3.8	0.8	2.3	2.3	4.9
	3. 総資本当期純利益率 (%)	0.3	-0.5	1.0	1.5	2.0	0.0	1.3	1.2	2.6
	4. 自己資本当期純利益率 (%)	0.8	-1.5	2.5	3.9	5.2	-0.2	4.0	3.3	6.1
売上高利益率分析										
	5. 売上高総利益率 (%)	20.2	19.7	20.9	20.8	21.8	38.4	29.0	22.4	18.9
	6. 売上高営業利益率 (%)	1.4	0.2	2.2	2.8	2.9	-0.2	1.7	1.9	3.7
	7. 売上高経常利益率 (%)	2.3	0.8	2.5	3.0	3.4	0.8	2.3	2.3	4.2
	8. 売上高当期純利益率 (%)	0.3	-0.6	0.9	1.4	1.8	0.0	1.3	1.1	2.2
	9. 売上高対労務費比率 (%)	12.2	12.9	12.4	12.4	13.5	10.0	14.3	15.3	13.1
	10. 売上高対販売費・管理費比率 (%)	18.7	19.5	18.6	18.1	18.9	38.6	27.2	20.5	15.2
	11. 売上高対人件費比率 (%)	8.6	9.1	8.7	8.2	8.2	19.1	13.0	9.6	6.0
	12. 売上高対支払利息割引料比率 (%)	0.4	0.9	0.8	0.7	0.7	0.9	0.9	1.0	0.5
回転率・回転期間分析										
	13. 総資本回転率 (回)	1.1	1.0	1.0	1.1	1.1	1.0	1.0	1.0	1.2
	14. 固定資産回転率 (回)	2.5	2.2	2.4	2.4	2.4	1.9	2.2	2.3	2.6
	15. 有形固定資産回転率 (回)	3.1	2.9	3.1	3.0	3.0	2.7	2.7	2.7	3.2
	16. 売上債権回転期間 (日)	62.0	70.8	68.8	67.0	60.4	45.6	60.1	60.3	61.6
	17. 棚卸資産回転期間 (日)	34.5	38.6	40.0	35.2	36.3	23.4	32.6	32.7	38.9
	18. 買入債務回転期間 (日)	43.4	46.2	45.7	44.6	43.3	26.9	33.8	40.2	47.3

（左欄縦書き：収益性分析）

出所）中小企業診断協会編『中小企業の財務指標』同友館（2015：25,27）

指標の改善が必要となる。

4. 総資産利益率の理論

　さて，伝統的に総資産利益率を経営財政指標として考えられてきた理由の一つを，いわゆるアメリカの企業体のなかで普及し，展開したデュポンシステムの存在によるものであったと考えてみても問題はないように思われる。アメリカ経営財務研究の流れのハワード，アプトン（Howard, B. B. & M. Upton）等の研究のなかでも，このデュポンシステムが示されている。デュポンシステムは，周知にように総資産利益率は売上高利益率と総資産回転率の分解によってもたらされ，それは，これらの比率が総資産の収益性を決定する関係がどうなっているのかを示すものであると考えられる。スモールビジネスの経営者がまず，

図表4-3　ABC 会社のデュポンシステム

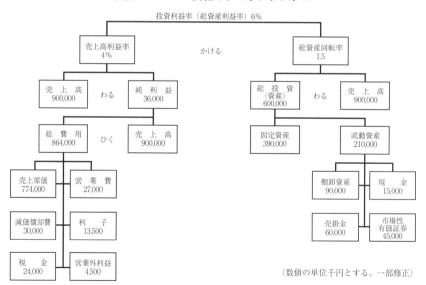

（数値の単位千円とする。一部修正）

Howard, B. B. & M. Upton（1953）*Introduction to Business Finance*, McGraw-Hil, p.191.

この総資産利益率を財務の体系分析として企業経営に使われることが重要となる。

　ABC 会社の事例を使えば，このデュポンシステムは，図表4-3にように示される。この図の右半分は回転率を示し，左半分は，売上高利益率を表している。これを式で表せば次のようになる。なお，ここでの数値は，ウェストン，ブリガムが使用した数値を参考とする。

$$（総資産利益率）=（売上高利益率）×（総資産回転率）$$

$$\frac{利益}{総資産} = \frac{利益}{売上高} \times \frac{売上高}{純資産} \quad \cdots\cdots\cdots\cdots (a)$$

　ABC 会社の回転率は，1.5回であり，売上高利益率は4％であるので，総資産利益率は6％に等しくなる。この場合，すでにみたように，産業平均10％を下回るので，今後はこの比率をあげることがこの会社に期待されることになる。

　総資産利益率は，企業体がその総資産をいかに効率的に使用しているかの一つの総括的指標を意味しているとはいえ，このデュポンシステムによる接近では，企業体の資本構成の変化が総資産利益率に及ぼす影響については考察の外にあることになる。そこで次のようなレバレッジを含めて，デュポンシステムを考えてみようとする理論展開がなされることになる。

　ABC 会社の総資産利益率は産業平均10％をはるかに下回っているけれども，この会社の自己資本利益12％は，産業平均15％をわずかに下回っているにすぎない。このようなことはなぜ生ずるのであろうか。その答は，ABC 社がこの産業における平均的会社よりも多くの債務を利用しているからである。

　ABC 会社の資産の半分は，自己資本によって調達されており，他の半分は債務によって調達されている。このことは，6％の総資産利益率が普通株主に与えられると，彼らの利益が基本的に増大させられることを意味する。普通株主に対する財務レバレッジの効果を測定する正確な公式は次のように示される。

$$自己資本 = \frac{総資産利益率}{自己資本比率} = \frac{総資産利益率}{1.0 - 負債比率}$$

この公式は，財務レバレッジが自己資本利益率を増大させるのにどのぐらい使われうるのかを示しているという点で有用である。

5．自己資本利益率の理論

前項でみたような総資産利益率の理論に加えて，総資産利益率を自己資本利益率のなかに組み込もうとする考え方が主張されることになる。その場合，資本構成の変化も考慮することになる。では，この自己資本利益率の理論は，どのようなものとして展開されるのであろうか。ラーナー（Lerner, E. M.）の見解から，この問題に立ち入ってみよう。

ラーナーは，自己資本利益率を総資産利益率との関係に着目し，次のように展開した。

自己資本利益率は，総資産利益率と密接に結びついている。2つの尺度の間の関係をみるために，総資産利益率 r を次のように定義してみよう。

$$r = \frac{利子および税引前利益}{総資産}$$

企業体が支払う支払い利子は利子率 i と負債総額 L との積として考えられる。したがって，利子支払後の利益は，$rA - iL$（ただし，A は総資産）に等しいことになる。

もし T が会社に支払う税率であるなら，そのとき次のようになる。

$$税引後利益 = (1 - T)(rA - iL) \quad\cdots\cdots\cdots\cdots\cdots\cdots\cdots (1)$$

企業体の総資産 A は，負債 L と自己資本 E との合計に等しい。

$$A = L + E \quad\cdots\cdots\cdots\cdots\cdots\cdots\cdots\cdots\cdots\cdots\cdots (2)$$

方程式(2)の右側半分を(1)の方程式の A に代入すれば，

$$税引後利益 = (1 - T)(rE + rL - iL)$$

$$= (1 - T)(rE + (r - i)L) \quad\cdots\cdots\cdots\cdots\cdots\cdots\cdots\cdots (3)$$

　自己資本利益率をみつけるために，この方程式の両側をこの企業体の自己資本総額によってわれば，次のようになる。

$$自己資本利益 = \frac{税引後利益}{自己資本} = (1 - T)\{r + (r - i)\}\,\frac{L}{E} \quad\cdots\cdots\cdots\cdots (4)$$

　方程式(4)の利点は，企業体の自己資本利益率とその他の重要な財務変数：総資産利益率，負債比率，借入れた資金に支払われる利子，税率との間に存在する関係を明らかに示しているということである。方程式(4)は，税率の低下あるいはrの上昇は常に自己資本利益率を高めるように導くであろう。

　さらにもっと重要なことは，それは，もし企業体の総資産利益率が借入れた資金に支払う利子率よりも大きくなるならば，負債比率の増大すなわち資産のための資金調達に対してより多く債務に依存することが自己資本利益率の増大に導くであろうということを示している。

　図表4-4は，自己資本利益率と企業体の三つの異なった状態にある企業体の負債比率との間の関係を示している。$r>i$のとき，L/Eの比率の増大はより高

図表4-4　負債比率，自己資本利益率，利子率との間の関係

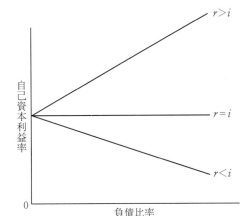

い r に導く。しかしながら，$r<i$ のとき，負債比率の増大は r の減退に導く。$r=i$ のときのみ，負債比率の変化に影響のない利益率となるのである。

　このような関係は，スモールビジネスの経営者が利子率や負債比率に関心をもち，総資産利益率を組み込んだ自己資本利益率を目標とすることによって最適な企業経営が達成されることを意味している。そのことは，自己資本利益率を中核とする財務の体系分析の理論が総資産利益率を中核とする財務の体系分析の理論よりも優れた理論であるということになる。したがって，スモールビジネスの経営者は，経営体の発展にともなって，総資産利益率から自己資本利益率への目標とする経営財務指標の展開が必要となる。

6．スモールビジネスにおける資本コストと企業価値

6.1 *DCF* 法による企業価値評価

　財務論の世界では，株式価値の極大化目標のもとでの企業評価については，前項の企業評価比率で取り上げた経営指標が使われるが，通常，キャッシュ・フロー割引現価法のもとでは，次に示す株式方程式の基本モデルによって企業価値評価が説明されることになる。

$$PER = \frac{P_0}{E_1} = \frac{d}{k} - g$$

　ただし，P_0＝現在株価

　　　　E_1＝今期1株当たり税引き利益

　　　　$d = \dfrac{D_1}{E_1}$＝配当性向（$t=0, 1, 2 \cdots, \infty$）

　　　　k＝資本コスト

　　　　g＝成長率

　以上を基本として企業の成長率 g が一定であるとすると，安定成長モデルは，次のようになる。

$$P_0 = \frac{D_0(1+g)^1}{(1+k_s)^1} + \frac{D_0(1+g)^2}{(1+k_s)^2} + \cdots + \frac{D_0(1+g)^\infty}{(1+k_s)^\infty}$$

$$= \frac{D_0(1+g)}{k_s} - g = \frac{D_1}{k} - g$$

ただし,

P_0 ＝現在株価

D_0 ＝前期配当

D_1 ＝今期配当

k_s ＝自己資本コスト

g ＝成長率

　株式からの期待総収益率は期待配当利回りにキャピタル・ゲイン利回りを加えたものからなる。一定成長モデルでは，期待配当利回りと期待キャピタル・ゲイン利回りは一定である。

　キャッシュ・フロー割引現価法では，将来のキャッシュ・フローを資本コストで割り引いた現在価値がプラスであるかどうかによる評価法であり，企業の将来的価値を現在時点で評価する意味で，過去のデータを使った財務分析とは基本的に異なっている。したがって，ここでの企業価値は未来価値の評価として，事前的視点からの評価をその内に含んでいる。もちろんこの概念構造の中では，財務論にとって最も重要な資本コスト論（the cost of capital）が含まれていることに注目したい。

6.2　グローバルスタンダードと資本コスト原理

　財務論の世界では，グローバルスタンダードはその資本コスト原理にある。そして今日この資本コスト原理の実践には，グローバル化した金融市場・資本市場の動きが重要な要素となっており，また金融市場・資本市場の展開が強く経営に影響を与えており，資本コスト原理が企業価値評価のなかでどのような位置を占め，どのような関係をもっているか明らかにしておこう。

6.2.1 金融市場と経営財務

　経営財務の視点から金融市場をみる。そのうち長期金融市場としての資本市場に目を向けると，具体的には，株式市場，社債市場，転換社債市場，新株引受権付社債市場等が企業体と対境関係をもつことになる。このうち株式市場を例にとって考えてみると，株式市場で取引される株価が企業体に重要なシグナルを企業体に与えているということである。

　今日の日本および世界の株式市場における変革は，まさに上場している企業体に対し，株式市場における株価を通じての企業評価の重要性を与えてきているということである。このことによって，具体的には経営者は，従来の売上高に変えて時価総額を重視する必要性を教えられることになる。したがって，上場をめざすスモールビジネスの経営者は，時価総額としての企業価値を理解しておかなければならない。

　金融市場が経営環境としてグローバル化した状態により経営体それ自体と市場との対境関係があらためて重要な意味を持つことになる。金融市場・資本市場の行動原理は，経営環境として経営体に強く影響している。そのなかで次に展開する資本コストに関わる問題が経営に対し強く影響することになる。またここでの金融市場・資本市場が一国内にとどまらず国際化グローバル化しているところに現代的特質をもっている。この点がもっとも大事な点であって，市場をどのように経営意思決定に取り組んでいくかが現代の経営財務である。

6.2.2 資本コストと企業評価

　財務論の世界で，資本コスト（the cost of capital）の概念が提起されて以来，数十年が経過してきた。しかしながら，この理論の経営実践への適用については，アメリカでもかなりの年月がかかり，日本においては，この10年の経営環境の変化によって導入されることになったといっても過言ではない。資本コストの概念を簡単に要約すれば，次のようになる。資本コストは次のように考えることができる。もしある企業体がある資本量を調達し，それを投資プロジェ

クトにあてたとしてみる。この場合，この投資プロジェクトが最低，稼得しなければならない利益率が存在する。つまり，この投資プロジェクトの利益率は，その資金調達のコストを上回るものでなければならない。（企業体の正味現在価値の極大化を目的とする。）したがって，この投資プロジェクトが稼得しなければならない『必要最低利益率』を『資本コスト』と呼ぶのである。資本コストは債務資本と自己資本の加重平均資本コストと計算され，自己資本コスト（たとえば，リスク・フリーレートにリスク・プレミアムを加えたもの）が重要な概念であり，経営実践において組み込まなければならない。

6.2.3　時価総額と企業評価

　株式の時価総額は，株価と発行済株式総数をかけあわせたものである。これは，企業の将来にわたる企業価値の期待値を現在の時点で評価したものである。時価総額が高いということは，企業の今後の成長展開において，経営財務の視点からみれば，資本調達能力が高まることを意味している。資本調達能力の高まりは，企業体自体の成長機会を飛躍的に上昇させることを意味している。資本調達能力の高まりは，企業体自体の成長機会を飛躍的に上昇させることを意味している。すでに指摘したように，いわゆる売上高，会計利益の増大を目標にしてきた従来の経営方式に対し，時価総額の最大化を目標とする経営方式への転換は，まさしく今後の経営方式として重要なものとなろう。

　今日，日本の製造業（とくにハイテク産業）に比較して，効率化が遅れてきた産業にとっては，このような経営方式の転換はきわめて重要なものである。21世紀に通用する企業像は，経営のグローバル化のなかで，競争力をもった新企業である。この新企業は20世紀において展開した企業の大変革のなかにもみられるが，もう一方では，スモールビジネスであるベンチャー企業に代表される新企業の創造にも依存することになろう。

7. 結　び

　以上にわたり，スモールビジネスにおける経営財務指標と資本コストに関し，経営財務的視点よりその実践的行動原理を検討してきた。スモールビジネスの経営者は，事業そのものの中身につては，精通しているが，経営財務の視点については，不十分な意思決定につながっており，財務の実践的意味を理解することによって，企業価値創造につながる経営を実践できることになる。スモールビジネスの経営者は，企業体の持続的成長を指揮する職務を担っており，この財務を加えた経営活動をすることによって，強い企業体を作り上げることになる。

　スモールビジネスにおける経営者は，経営体の持続・成長のために経営体の財務的状態を常に意識し，経営体が危機に陥らないように経営意思決定をしなければならない。そのために，ここで展開した総資産利益率の理論（ROA の理論）と自己資本利益率の理論（ROE の理論）は，経営体の持続・成長を助ける経営財務指標として有効な経営財務原理となっていることをあらためて強調しておきたい。またスモールビジネスの経営者は総資産利益率を分解した第一項の「売上高利益率」具体的実践指標として「売上高営業利益率」および第二項の「総資産回転率」は経営財務意思決定基準の要としての意味をもっていることを再度，主張しておきたい。

　次に，将来，経営体を上場し，マネー・マーケットで評価を受けたいと思うスモールビジネスの経営者は，企業を立ち上げ，あるいは企業を引き継いだ時点で「資本コスト」の概念を取り上げた経営財務指標を理解し，経営実践を行わなければならない。このことは，経営財務指標である資本コストを超える利益率を達成することによって，経営体の企業価値を創造することにつながるのである。

　スモールビジネスの経営は，その経営体の発展段階によって，重点が変わってくるが，ここで取り上げた経営財務指標を使って，有効な経営実践が行われ

ることになる。経営財務指標は，スモールビジネスの経営財務実践の指導原理につながるものであると考えたい。　　　　　　　　　　　　（小椋　康宏）

参考文献

Berk, J. & P. Demarzo（2011）*Corporate Finance*, 2nd ed., Prentice-Hall.

Higgins, R. C.（2012）*Analysis For Financial Analysis,Planning and Forecasting*, 2nd ed., World Scientific Publishing.

Howard, B. B. & M. Upton（1953）*Introduction to Business Finance*, McGraw-Hill.

亀川俊雄（1966）『体系経営分析論』白桃書房

Lee, A. C., J. C. Lee & C. F. Lee（2009）*Financial Analysis, Planning and Forecasting*, 2nd ed., World Scientific Publishing.

Lerner, E. M. and W. T. Carleton（1966）*A Theory of Financial Analysis*, Harcourt Brace & World.（石黒隆司・宮川公男訳，1972，『財務分析の理論』東洋経済新報社）

小椋康宏（2001）「企業価値評価に対する財務論的接近─グローバル・スタンダードとしての評価基準─」東洋大学経営研究所『経営研究所論集』第24号：167-178

小椋康宏編（2015）『コーポレート・ファイナンス論』学文社

Perman, S. H.（2013）*Financial Statement Analysis and Security Valuation*, 5th ed., McGraw-Hill.

Weston, J. F. & E. F. Brigham（1972）*Managerial Finance*, 4th. ed., Holt Rinehart and Winston.

資　料

中小企業診断協会編（2015）『平成25年調査　中小企業実態基本調査に基づく中小企業の財務指標』同友館

第5章

不確実性下の投資基準

1. はじめに

　不確実性下における投資理論として，リアルオプション・モデルは最近広く知られるようになってきた。コーポレート・ファイナンスの上級テキストで取り上げるようになり[1)]，実務での応用もさらに広がりを見せている。しかし，リアルオプション・モデルにはオプション評価理論を応用しているため，既存の文献資料等ではオプション理論の解説からリアルオプション・モデルを説明している。その結果，リアルオプション・モデルが非常に難解なものとなり，専門的な知識を有する人材がいる大企業や大規模なプロジェクトに応用するにとどまっている。現実に，スモールビジネスにおいて，常に不確実の高い投資案件に直面する。そこで，本章では伝統的投資理論との結びつきから，リアルオプション・モデルを理解する方法を考え，伝統的投資決定ルールに関する知識を手掛かりに，リアルオプション・モデルを理解する方法を示す。さらに，リアルオプション・モデルの特性を明らかにしながら，実務での応用の際の注意点を明らかにする。

2. 伝統的投資基準

　新規投資プロジェクトについて，伝統的投資理論では，プロジェクト採用後に得られるであろう将来のキャッシュフローを予測し，適切な割引率のもとでキャッシュフローの現在価値を求め，それを投資コストと比較して，プロジェクトの採否を決定することになる。

　将来すべての時点のキャッシュフローを推測することは実際的には困難である。そのため，可能な範囲内で将来各時点のキャッシュフローを推定し，推定された将来キャッシュフローの値を基に，キャッシュフローの成長率を推定する方法が一般に利用される。キャッシュフローの成長率がわかると，将来各時点でのキャッシュフローの水準が容易に計算できる。すなわち，キャッシュフローを連続時間で考え，キャッシュフローの成長率がgであるとき，現在のキャッシュフローの水準がxであると，t時点でのキャッシュフローの水準$x(t)$は，

$$x(t) = xe^{gt}$$

となる。この場合，将来キャッシュフローの不確実な部分を無視し，その平均的な値を予測値として使用することになる。

　リスクを考慮した要求収益を割引率として，将来のキャッシュフローを評価する。割引率を$r(>g)$で表し，キャッシュフローが永続的になるとすると，将来すべての時点のキャッシュフローの現在価値は，

$$\int_0^\infty x(t)e^{-rt}dt = \frac{x}{r-g} = cx$$

となる。プロジェクト実行するための投資費用がKであるとき，正味現在価値は$cx-K$となる。それが正であればプロジェクトを採用し，負であれば不採用とするのが正味現在価値法の考え方である。

　他方で，経済的利益を最大にする考え方からすると，正味現在価値が最大となる時点で投資を実行することがより合理的になる。現在時点でのキャッシュフローの水準がxで，T時間後に投資を実施すると考えると，投資のプロジェクトの現在価値は，

$$\int_T^\infty x(t)e^{-rt}dt - Ke^{-rT}$$

となる。この値を最大にするには，$g<0$のときに，$cx-K$が正であれば，直ちに投資を実施するのが最適となる。この場合，上の正味現在価値法の結果と一致する。キャッシュフローが減少傾向にある場合，正味現在価値が正である

ときに直ちに投資を実施し，正味現在価値が負であるときには投資案件として価値がなく，却下されることが容易に理解できる。$g > 0$のときには，投資実行の最適な水準は，

$$x(T^*) = rK \tag{1}$$

となる。この投資基準は，現在のキャッシュフローの水準がrK以上にあるときに直ちに投資を実施し，現在のキャッシュフローの水準がrK以下にあるときには，キャッシュフローの水準がrKに達するまでに待って投資を実行するのが最適であることを示している。T^*時点で，投資を遅らせることによる経済的損失が1単位のキャッシュフローであるのに対し，利益は投資コストの利子rKの支払いを遅らせることである。すなわち，限界収益と限界費用が等しいとなる時点で投資を実行するのが最適であり，経済学での限界原理を示している。この基準は，伝統的投資理論ではジョルゲンソン基準（Jorgensonian criterion）とも呼ばれるものである[2]。

　投資実行するまでの待ち時間は，$xe^{gT^*} = rK$から，

$$T^* = \frac{log(rK/x)}{g} \tag{2}$$

となる。

3．リアルオプション・モデルの投資基準

　伝統的投資理論では推計されるキャッシュフロー，またはその成長率を定数として扱っているが，現実には将来のキャッシュフローは製品の価格や需要などの要因に影響され，不確実的に変化するので，成長率も不確実的に変化する。成長率の不確実な変化については，正規分布に近似できる場合が多いことから，成長率の変化の確率分布を正規分布と仮定する場合が多い。以下では，成長率の変化が正規分布に従うとして，議論を進めていくことにする。成長率gの標準偏差をσで表すと，現在のキャッシュフローの水準がxであると，t時点

でのキャッシュフローの水準 $X(t)$ は,

$$X(t) = xe^{(g - \sigma^2/2)t + \sigma W(t)}$$

となる[3]。ここで, $W(t)$ は標準正規分布に従う確率変数である。

現在時点でのキャッシュフローの水準が x であるとき, T 時間後に投資を実行するとした場合, 割引率を $r(>g)$ とすると, 投資プロジェクトの期待現在価値は,

$$E^x \left[\int_T^\infty X(t) e^{-rt} dt - K e^{-rT} \right]$$

となるが, 投資プロジェクトの期待現在価値を最大にする最適投資実行時点が確率変数となるため, 2節の (1) 式と同じようにしては投資実行の最適な水準を得られない。具体的な導出過程は省略することにして, この場合の投資実行の最適時点はキャッシュフローの水準が,

$$x^* = \frac{\alpha}{\alpha - 1} (r - g) K \tag{3}$$

に最初に達した時点となる。ここで,

$$\alpha = 0.5 - \frac{\mu}{\sigma^2} + \sqrt{\left(\frac{\mu}{\sigma^2} - 0.5 \right)^2 + \frac{2r}{\sigma^2}}$$

は2次方程式

$$F(x) = \frac{1}{2} \sigma^2 x(x - 1) + gx - r = 0 \tag{4}$$

の正の解である[4]。

4. リアルオプション・モデルの特性

リアルオプション・モデルでの投資実行の最適な水準を表す(3) 式は伝統的投資理論での投資基準の(1) 式のような説明がつかない。このことから, 多くのリアルオプション理論の文献ではリアルオプション・モデルでの投資基準は従来の投資理論のそれとは異なるものであると主張している。ここでは, リア

ルオプション・モデルの投資基準を別の表現方法で考え，伝統的投資基準との関連性について検討してみる。

　(4) 式の2次方程式は正の解と負の解が1つずつもつので，さらに，その負の解を β とすると，

$$F(x) = \frac{1}{2}\,\sigma^2\,x(x-1) + gx - r = \frac{1}{2}\,\sigma^2\,(x-\alpha)\,(x-\beta) = 0$$

となり，$F(0)$ と $F(1)$ との比

$$\frac{F(0)}{F(1)} = \frac{r}{r-g} = \frac{\alpha\beta}{(\alpha-1)\,(\beta-1)}$$

から，

$$x^* = \frac{\alpha}{\alpha-1}\,(r-g)K = \frac{\beta-1}{\beta}\,rK \tag{5}$$

が得られる。(5) 式の右辺で表されるリアルオプション・モデルの最適な水準は確定的成長率の場合での rK に修正係数 $(\beta-1)/\beta$ がかかる形になっている。この修正係数を変形すると，

$$\frac{\beta-1}{\beta} = 1 + \frac{1}{-\beta} = 1 + \delta$$

となり，$\beta<0$ であるから，$\delta>0$ となる。このことから，投資基準の基本部分は rK であり，リアルオプション・モデルの投資基準は従来の投資基準を δ 倍に上方修正していると理解することができる。上方修正の要因は成長率の不確実性を考慮に入れたことにほかならない。なぜそうなるのかについては，キャッシュフローの水準が rK に到達した後に，下がる可能性をもつので，投資実行の最適な水準が引き上げられると考えれば容易に理解できる。このことを直観的にみるため，例として，キャッシュフローの平均成長率が $g=4\%$ と見込まれ，その標準偏差が $\sigma=10\%$ と推測された場合について，将来のキャッシュフローの変化をシミュレーションしてみる。要求収益率 $r=6\%$，投資費用 $K=1$ とし，伝統的投資理論を適用すると，投資基準は $rK=0.06$ となる。図表

図表5-1　*rK* で投資を実行した場合の将来キャッシュフローの変動

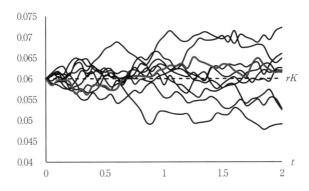

5-1は，キャッシュフローの水準が *rK* に到達後に投資を実行した場合，その後のキャッシュフローの変動のサンプルパスを示している。図表5-1からわかるように，投資実行後にキャッシュフローの水準が *rK* を下回る（投資価値が負となる）確率はほぼ2分の1となっている。

リアルオプション・モデルを適用すると，最適投資基準は $x^* = 0.0671$ となるので，キャッシュフローの水準が x^* 到達後に投資を実行した場合，その後のキャッシュフローの変動を示したのが図表5-2である。将来キャッシュフロ

図表5-2　x^* で投資を実行した場合の将来キャッシュフローの変動

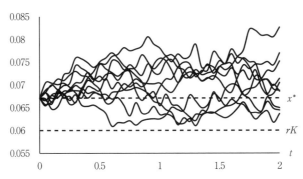

図表5-3　成長率の変動性と最適投資基準

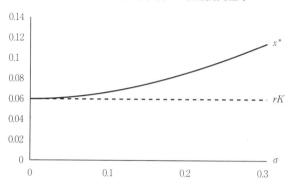

一の水準が rK を下回ることはほとんどなくなっている。

　どれだけ上方修正されるのか。修正倍率 δ は β から影響を受けるので，すなわち，成長率 g，標準偏差 σ および r から影響を受けることになる。解析的証明は省略することにして，結果としては，成長率 g の上昇が修正係数を引き下げ，標準偏差 σ および r の上昇が修正係数を押し上げることになる。図表5-3は成長率の標準偏差と最適投資基準の関係を示している。成長率の変動性を無視（$\sigma=0$）した場合，投資基準は rK となり（破線），成長率の変動性を考慮し，σ が大きいとき，最適投資基準がかなり上昇することが読み取れる。将来キャッシュフローを予測する際，成長率のみではなく，その変動性を正しく認識することも重要であるといえる。

5．投資実行のタイミング

　古典的投資理論でのジョルゲンソン基準（(1) 式），またはリアルオプション・モデルでの最適投資基準（(3) 式）はキャッシュフローの水準を基準にしており，現在のキャッシュフローがこれらの水準を下回っているときには，投資基準に到達するまでに待つべきであると主張しているが，どれだけの期間を待つのか

は議論されてこなかった。しかし，実務においては，いつ投資を実行できるの
かが重要なことである。

　ジョルゲンソン基準へ到着するまでの待ち時間は(2) 式で示す通りである。
リアルオプション・モデルにおいて最適投資基準へ到着するまでの待ち時間は
確率変数となるので，確定的な時刻を示すことはできない。ここでは待ち時間
の平均値を用いて議論を進めることにする。現在時点のキャッシュフローの水
準が x （$<x^*$）であるとき，$X(t)$の x^*への初到達時間の平均値は，

$$E[T^*] = \frac{log(x^* / x)}{g - \sigma^2 / 2} \tag{6}$$

となる。(6) 式から求められる時間は(2) 式から求められるそれとは異なり，
必ずその時間で到達することを意味するものではないが，(6) 式の分子が(2)
式のそれより大で，分母は(2) 式のそれよりも小であることから，リアルオプ
ション・モデルでの平均的待ち時間が古典的投資理論での待ち時間より長くな
ることがわかる。

　新規の投資を行う場合，一般に，現時点でのキャッシュフローの水準を観察
し，キャッシュフローの成長率を推計して，投資を実行するか否かについて意
思決定を行う。現時点の状況に応じて，どのような投資行動を取るべきかにつ
いて，投資行動領域図で示すことにする。縦軸に現在のキャッシュフローの水
準 x をとり，横軸にキャッシュフローの成長率 g をとって，古典的投資基準で
の投資行動の領域を示したのが図表5-4である。ここで，割引率 $r=0.06$，投資
費用 $K=1$ とした。

　成長率 $g<0$ の場合（縦の点線の左側），正味現在価値が正となるときに直ち
に投資を実施することになり，正味現在価値が負となるときには投資案件が却
下される。この場合の投資実行の基準は $x=(r-g)K$ となり，これを斜めの太
い実線で表している。すなわち，現在のキャッシュフローの水準 $x>(r-g)K$
であれば直ちに投資を実施し（斜めの太い実線の上方の領域），$x<(r-g)K$ であ
れば却下される（斜めの太い実線の下方の領域）。成長率 $g>0$ の場合，投資実行

図表5-4　古典的投資基準における投資行動領域

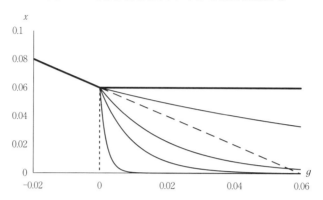

の基準は $x=rK$ となり，これが水平の太い実線で表されている。すなわち，現在のキャッシュフローの水準が $x>rK$ であれば直ちに投資を実施し（水平の太い実線の上方の領域），$x<rK$ であればキャッシュフローの水準が rK に達するまで待って投資を実施する（水平の太い実線の下方の領域）。待ち領域の中の細い実線は投資実行の基準に到達するまでにどれだけの時間を待つのかを示している。細い実線は上から順に10年，50年，100年，500年のラインを示している。現在のキャッシュフローの水準が低い場合，投資実行の基準に到達するまでにはかなり長い期間にわたって待たなければならない。他方で，破線はこの領域内における正味現在価値の基準を示している。破線の上方は正味現在価値が正の領域である。すなわち，正味現在価値が正であるのに，かなり長い期間を待って投資を実行することを意味している。このことからも，正味現在価値法が実務で支持される理由がわかる。

　上の例に対して，キャッシュフローの成長率の変動性を考慮し，その標準偏差を $\sigma=10\%$ とした場合について，リアルオプション・モデルを応用したときの投資行動領域を図表5-5で示した。一番上にある太い曲線はリアルオプション・モデルでの投資実行基準を示すものである。現在のキャッシュフロー水準

図表5-5　リアルオプションの投資基準における投資行動領域

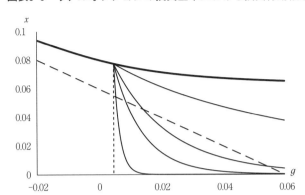

のときには直ちに投資を実施し（太い曲線より上の領域），X＜x^*のときには
キャッシュフローの水準がx^*に達するまで待って投資を実行する（太い曲線よ
り下の領域）。投資実行基準を表す曲線の全体が古典的投資理論の場合（図表5-4
での太線）よりも高いところに位置し，投資実行の基準が上方に修正されたこ
とが読み取れる。待ちの領域で，縦の点線より左側（$g<\sigma^2/2$）の領域は，古典
的投資理論での投資案件を却下する領域に相当するものであるが，リアルオプ
ション・モデルでは待ちの領域となる。ただし，この領域に入っている場合，
最適投資基準に到達しない可能性をもつ（最適投資基準へ到達する確率が1より
小である）。縦の点線の右側の領域に入っていれば，確率1で最適投資基準へ
到達するが，最適投資基準へ到達するまでの平均待ち時間は細い実線で示す通
りで，上から10年，50年，100年，500年の順になっている。破線は正味現在価
値基準を示すもので，正味現在価値が正であっても投資の実行を先延ばしする
領域は古典的投資理論での待ち領域よりも広くなっていることがわかる。

　以上で見てきたように，リアルオプション・モデルは特殊で難解なものでは
なく，古典的投資理論でのジョルゲンソン基準を修正したものと理解すること
ができる。また，どんな状況であっても，正味現在価値法が投資の意思決定の

基本であることも明らかである。 （董　晶輝）

注

1) たとえば，Brealey, Myers and Allen（2013）や Ross, Westerfield and Jaffe（2012）などが挙げられる。
2) Jorgenson（1963）を参照。
3) この場合，キャッシュフローの変化はファイナンス理論で広く利用されている幾何ブラウン運動に従うことになり，微小時間でのキャッシュフロー $X(t)$ の増分は，

$$dX(t)=gX(t)dt+\sigma X(t)dW(t)$$

で表される。ここで，$W(t)$ はウィーナー過程である。
4) リアルオプション・モデルの数理について詳しい説明をしている文献としては，たとえば，Dixit and Pindyck（1994）がある。

参考文献

Brealey, R. A., Myers, S. C. and F. Allen（2013）*Principles of Corporate Finance*, McGraw Hill Higher Education.（藤井眞理子・国枝繁樹監訳，2014，『コーポレート・ファイナンス　第10版』日経 BP 社）

Dixit, A. K. and R. Pindyck（1994）*Investment under Uncertainty*, Princeton University Press.（川口有一郎等訳，2002，『投資決定理論とリアルオプション』エコノミスト社）

Jorgenson, D.（1963）"Capital Theory and Investment Behavior," *American Economic Review*, Vol. 53 : 247-259.

Ross, S. A., Westerfield, R. W. and J. F. Jaffe（2012）*Corporate Finance*, McGraw-Hill Education.（大野薫訳，2012，『コーポレート・ファイナンスの原理』金融財政事情研究会）

第6章

スモールビジネスのイノベーション

1．はじめに

　日本の中小企業は，1950年代以降の高度経済成長期に急増し，二重構造に起因する格差問題を抱えながらも，1960年代からの急激な経営環境変化（貿易自由化・資本自由化，ニクソンショック，石油ショック，円高，バブル経済の崩壊，構造不況，そしてリーマンショック）を乗り切ってきた。とくに，バブル経済崩壊後の構造不況では，大企業のリストラクチャリングが進行し，下請中小企業の自立化が迫られた。

　このような経済社会環境や経営環境の変化等を踏まえ，中小企業政策の新たな理念を「多様で活力ある独立した中小企業の育成・発展」を図ることに置き，1999年に「中小企業基本法（以下，基本法）」が改正された。改正「基本法」では，創業や経営革新など創造的な事業活動を行うことにより，経営活動そのものを新しい革新的な方向へ向けていくことが求められた。つまり，中小企業のイノベーション（Innovation）への挑戦が，企業自身の成長につながるばかりでなく，日本経済の活性化に寄与する可能性も大きいとされたのである。

　2015年版『中小企業白書』でも，第2部第1章で中小企業・小規模事業者が新たな商品・サービスや新規性に富んだアイデアの発案や技術の開発を行うためのイノベーションについて取り上げられている（中小企業庁　2015）。

　しかしながら，その狙い通りに進んでいるわけではない。同白書では，小規模事業者は経営資源が限られており，すべての企業が販売・営業部門，とくに企画・開発部門を保有することは困難であることから，イノベーションの取組状況に差が出てしまうのはやむを得ない面もあり，イノベーション活動におけ

る「小規模の壁」が存在すると指摘している。

　そこで，本章では，イノベーション理論の中でも中小企業のイノベーション促進に貢献すると考えられるオープン・イノベーション（Open Innovation）に着目し，日本企業には馴染みにくいとされるオープン・イノベーションも，中小企業のイノベーションにはその戦略的特性から，また従来から取り組まれてきた産学官連携等の面からも馴染みやすいものであることを明らかにする。そのうえで，オープン・イノベーションに積極的に取り組み成長している中小企業の事例を取り上げ，中小企業におけるオープン・イノベーションの展開プロセスについて考察を行う。

２．クローズド・イノベーションとオープン・イノベーション

　オープン・イノベーションは，チェスブロウ（Chesbrough　2003）によって提唱されたイノベーションを促進するための新しい概念である。チェスブロウによれば，オープン・イノベーションとは，企業内部（自社）のアイデア・技術と外部（他社）のアイデア・技術とを有機的に結合させ価値を創造することとされ，他社への情報公開を必要とせず，研究開発をすべて自社内で完結するクローズド・イノベーションとは対極に位置する。チェスブロウは，クローズド・イノベーションとオープン・イノベーションの違いを図表6-1のようにまとめている。

　日本企業はクローズド・イノベーションにより，1980年代には世界的な競争力を発揮するようになっていたが，ティース（Teece 1987）は，技術的成果を事業化するためには技術以外に補完財が必要であると指摘した。また，フォン・ヒッペル（von Hippel 1986）は，顧客との協働によって新たな価値を創造するユーザーイノベーションの概念を提唱した。

　その後，技術が強い企業は補完財を軽視する傾向があるとの垂直統合型イノベーションへの疑問から，イノベーションのプロセスに焦点があてられるよう

図表6-1　クローズド・イノベーションとオープン・イノベーションの違い

クローズド・イノベーション	オープン・イノベーション
最良の人材は自社にいる。	良い人材のすべてが自社にいるわけではない。社内，社外の優秀な人材と仕事をしていくべきだ。
R&Dから利益を得るためには，自社で開発し，自社の製品として販売しなければならない。	外部R&Dも多大な価値を生み出すことができる。内部R&Dも全体価値の一部を自社の取り分として売るために必要である。
自社で新しいものを発見できれば，それを一番に市場に出すことができる。	利益を得るためには，自社発の研究である必要はない。
イノベーションを最初に上市した企業が勝つ。	早く上市するよりも，よりよいビジネスモデルを構築することの方が重要である。
業界の中で最も多く，最も良いアイデアを出すことができれば，勝てる。	企業内部と外部のアイデアの両方を最大限活用することができれば，勝てる。
競争相手がそこから利益を得られないようにするために，自社のIP（Intellectual Property）を守るべきである。	自社のIPが外部に使われることから利益を得るべきであり，自社のビジネスモデルの利になるのであれば，他社のIPを購入するべきである。

出所）Chesbrough（2013）をもとに筆者作成。

になり，日本では1990年代の構造的な不況も相俟って，他企業や大学などと組むことで研究開発コストを低減させる連携に関心が高まり，「科学技術基本法」をもとにした「TLO法」などの諸制度が整備され，産学連携が積極的に展開されるようになった。戦略論では，外部資源を利用するオープンネットワーク経営や戦略的提携への関心が高まった時期でもある。

　2000年代になり，技術開発型企業の補完財という外部資源の活用だけではなく，もっと幅広く外部資源をシステムインテグレートするとの考え方が登場してきた。いわゆるオープン・イノベーションである。

　しかし，チェスブロウがオープン・イノベーションを提唱してから十数年ほど経過しているが，未だオープン・イノベーションの啓蒙段階にとどまっており，先行研究で取り上げられるオープン・イノベーションの研究事例もグローバル企業が多く，中小企業におけるオープン・イノベーションの研究が少ないのが現状である。

3．中小企業に向くオープン・イノベーション

3.1　オープン・イノベーションの戦略性

　これまでも，産学官連携などによる外部からの経営資源調達の有効性につい
ては，数多くの検討がなされてきた。それらは，結果として連携が有効であっ
たという現象論的な視点からのものが多く，製品・技術開発論やマーケティン
グ論といった機能戦略レベルに位置付けられた研究であった。また，その多く
は不足する経営資源を補うといった消極的な視点であり，戦術的な面が主体で
あった。

　それに対しオープン・イノベーションは，新技術開発や新市場開拓といった
イノベーションを自ら積極的に引き起こす視点であり，きわめて戦略的な取り
組みである（図表6-2）。

図表6-2　オープン・イノベーションの戦略性

①	戦略レベル	全社戦略（企業戦略・事業戦略レベルでの取り組み）
②	戦略焦点	全く新しい技術による新製品開発を目的としたイノベーションの設計図
③	戦略行動	大学や他企業をはじめとした外部資源を能動的に活用
④	組織間関係	win-win の関係（イノベーションへの関与者がともに利得を享受できる）
⑤	成　果	有機的結合による価値創造

出所）先行研究をもとに筆者作成。

　また，オープン・イノベーションに取り組む主なメリットは，外部と協働す
ることで，技術者の人件費，研究開発費などのコストを削減できる，自社が検
討してこなかった課題へのアプローチ方法や技術を提供してもらえる，自社で
活用されていない技術やアイデアを外部で活用してもらえる，などがあげられ
る。

　だが，オープン・イノベーションに取り組んでいる日本の大企業を見てみる
と，産学連携などによる技術開発の上流部分における連携にとどまっているの
が現状である（図表6-3）。

図表6-3　日本企業の主なオープン・イノベーションの連携対象

	大阪ガス	資生堂	シャープ	ダイキン工業	トヨタ自動車	パナソニック	日立製作所	三菱化学	ローム
産学連携	○	○	○	○	○	○	○	○	○
公的研究機関	○	○			○			○	
異業種企業交流	○	○	○					○	○
企業連携				○			○		
中小企業	○		○						
ベンチャー	○								

出所）元橋・上田・三野（2012）をもとに筆者作成。

　元橋一之・上田洋二・三野元靖（2012）は，オープン・イノベーションは，「産学連携などによる研究開発の上流部分における連携だけではなく，企業間連携も含めた事業化まで見越したもの」でなければならないとしている。

　本章でも，不足する経営資源を補うといった単なる補完的な外部調達と区別するため，オープン・イノベーションを「研究開発等の上流部分における連携だけでなく，販売等の下流部分における連携も含めた事業化まで見通したイノベーションの仕組みを構築すること」ととらえている。

3.2　中小企業に向くオープン・イノベーション

　近年，日本の大企業もこぞってオープン・イノベーションを担当する部署を設置し積極的に取り組んでいるが，自前主義や下請生産システムをはじめとした限定された企業との取引によりリスク回避を歴史的に採用してきた日本の大企業には馴染みにくいとされる。

　中小企業の戦略は大企業とは異なり，企業戦略レベルにおいて創業者・経営者の強烈な事業意欲が成長への引き金となっていること，事業戦略レベルにおいて中小企業は大企業のような多角化やそれに伴う経営資源の配分を主体とした戦略内容ではなく，単一事業に集中する戦略を展開していること，機能別戦略レベルにおいて不足する技術やノウハウ，経営資源をいかに補強するかに戦

略的関心がきわめて高いこと，などがその特性としてあげられる（井上　2011）。

　つまり，大企業は戦略展開に必要な経営資源を内部調達で対応可能であるが，中小企業は不足する技術やノウハウ，経営資源を外部調達に依存せざるを得ないのである。このような中小企業の戦略的特性から，また従来から取り組まれてきた産学官連携等の面からも，オープン・イノベーションは中小企業には馴染みやすいものと考えられる。

　ただ，中小企業の外部との連携例を見てみると，前項の大企業の事例と同じく産学官連携などによる技術開発の上流部分における連携が中心となっており，事業化まで見通した企業間連携の展開事例が少ないのが現状である。

4．オープン・イノベーションの類型化

4.1　類型化軸1

　イノベーションは，シュンペーター（Schumpeter 1926）により初めて定義された。彼によれば，イノベーションは，技術面だけではなく，組織や販売などの面についても応用され，そのようなイノベーションを「新結合（neue Kombination）」と呼び，イノベーションの実行者を「企業家（Unternehmer）」と呼んだ。

　シュンペーターのいう「新結合」を現代の経営用語に変換してみると，正確

図表6-4　新結合と現代的解釈

	新結合	現代の経営用語
①	新しい生産物または生産物の新しい品質の創出と実現	プロダクト・イノベーション
②	新しい生産方法の導入	プロセス・イノベーション
③	新しい販売市場の創出	マーケティング・イノベーション
④	新しい買い付け先の開拓	サプライチェーン・イノベーション
⑤	産業の新しい組織の創出	組織イノベーション

出所）筆者作成。

に一致するわけではないが図表6-4のようになろう。新結合の①はプロダクト（Product）・イノベーション，②はプロセス（Process）・イノベーション，③はマーケティング（Marketing）・イノベーション，④はサプライチェーン（Supply chain）・イノベーション，⑤は組織（Organization）イノベーション，と理解できる。

4.2　類型化軸2

オープン・イノベーションは，その特性から，「インバウンド（Inbound）型」「アウトバウンド（Outbound）型」「カップルド（Coupled）型」の3つに分類される（真鍋・安本　2010；関根　2013）。

インバウンド型とは，社外の技術や知識を社内に取り込み，自社の技術や知識と結びつけて技術・製品開発を行い，イノベーションを実現するものとされる。具体的には，技術シーズの公募，ベンチャー・ビジネスへの投資，ライセンシング（ライセンス・イン），企業買収などがあげられる。

アウトバウンド型とは，自社の技術や知識をリソースとして提供することで，外部のプレーヤーならびに自社の技術・製品開発や問題解決が促されて，イノベーションが生じることを期待するものとされる。具体的には，プラットフォームの構築，ライセンシング（ライセンス・アウト），スピンオフなどがあげられる。

カップルド型とは，インバウンド型とアウトバウンド型の両方の特徴を持つ，または両者の中間的なもので，ギブ・アンド・テイクが不可欠なアライアンスや協調，合弁を通じた補完的パートナーとの共創（Co-creation）とされる。具体的には，共同研究開発，パートナーシップ／コミュニティ／ネットワーク／コンソーシアム，合弁（ジョイント・ベンチャー）などがあげられる。

4.3　オープン・イノベーションの類型化

シュンペーターのいうイノベーションの新結合を現代的に解釈した図表6-4

図表6-5　オープン・イノベーションの類型化

	プロダクト	プロセス	マーケティング	サプライチェーン	組織
インバウンド	Product Inbound	Process Inbound	Marketing Inbound	Supply chain Inbound	Organization Inbound
カップルド	Product Coupled	Process Coupled	Marketing Coupled	Supply chain Coupled	Organization Coupled
アウトバウンド	Product Outbound	Process Outbound	Marketing Outbound	Supply chain Outbound	Organization Outbound

出所）筆者作成。

の「プロダクト・イノベーション」「プロセス・イノベーション」「マーケティング・イノベーション」「サプライチェーン・イノベーション」「組織イノベーション」の5つの新結合を類型化のためのフレームワークのひとつの軸とする。加えて，オープン・イノベーションはその特性から「インバウンド型」「アウトバウンド型」「カップルド型」の3つに分類されることから，これを類型化のためのフレームワークのもうひとつの軸とする。

　2つの軸でマトリックス化すると15のセルが生まれ，オープン・イノベーションを15のパターンに類型化できる（図表6-5）。

5．事例分析

　分析対象とした中小企業のオープン・イノベーション事例は，海外からの調達が増加し，事業所数・従業者数が激減している繊維産業，その中でも，元請企業の海外生産移転や業績悪化等により下請取引関係が希薄化するとの危機的な状況から，イノベーションに取り組み再成長している中小企業2社を抽出し分析を行った。

　分析対象とした中小企業のイノベーション事例は，図表6-5のオープン・イノベーション類型の中のプロダクト・イノベーションを実現した企業である。

　事例分析に当たっては，以下の2つの視座を設定し，中小企業におけるオー

プン・イノベーションの展開プロセスを明らかにしていく。また，オープン・イノベーションの展開については，イノベーションの「契機」「構想」「投資」「事業化」の段階に分けて考察を行う。

① 分析視座1

　「戦略的オープン・イノベーションの戦略性（図表6-2）をどのようにして満たしているか」

② 分析視座2

　「研究開発等の上流部分における連携だけでなく，販売等の下流部分における連携も含めた事業化まで見通したイノベーションの仕組みを構築しているか」

5.1　コーポレーションパールスター

（1）企業概要

　コーポレーションパールスターの企業概要は，図表6-6のとおりである。オープン・イノベーションの分析対象は「転倒予防靴下」の開発である。

（2）オープン・イノベーションの展開

　① イノベーションの契機段階

　1980年に，帝人グループの株式会社帝健のテビロンを使用した健康靴下製造

図表6-6　コーポレーションパールスターの企業概要

名　称	株式会社コーポレーションパールスター
代表者	新宅光男
設立年月日	1915年（大正4年）
資本金	1,000万円
売上高	3億2,000万円
従業員数	36名
所在地	広島県東広島市安芸津町三津4424
事業内容	靴下，サポーター，環境関連品

出所）会社資料をもとに筆者作成。

を開始し，1992年には健康関連製品に特化，帝健1社で95％を占める受注生産体制で下請経営は安定していた。しかし，1990年代後半からの元請企業の海外生産移転や業績悪化等により受注が徐々に減少しはじめ，危機的な状況に陥る。

② イノベーションの構想段階

経営革新計画の認定を受け，経済産業省の中小企業ベンチャー挑戦支援事業により，2001年に透析患者の足の冷え対策「あぜ編み靴下」装置を開発，ひろしまベンチャー大賞銀賞，りそな財団の中小企業優秀新技術新製品賞優秀賞及び産学官連携特別賞，中国地域ニュービジネス大賞特別賞などを受賞し，技術力の高さが認められる。にもかかわらず販路開拓がうまくいかず，2004年には赤字経営へと転落し（その後3期連続赤字），中小企業基盤整備機構の繊維自立支援事業により「あぜ編み靴下」の新販路開拓に取り組む。

2006年5月に義肢装具士から足先が上がる製品開発の問い合わせがあり，「あぜ編み靴下」の技術を応用することにより試作品開発を行い，日本リハビリテーション工学協会で「転倒予防靴下」の試作品を展示し専門家のアドバイスを受けた。その後も試作を繰り返すが，開発上の技術課題を解決できない状況が続く。

③ イノベーションの投資段階

取引銀行の広島銀行が広島大学への仲介を行い，東広島市の産学官連携共同研究支援事業により，広島大学との共同研究開発契約が締結できた。これにより，広島大学大学院保健学研究科浦邉幸夫教授との共同研究開発が開始され，2007年に「転倒予防靴下」が完成した。

日本リハビリテーション工学協会福祉機器コンテスト優秀賞，アクティブベースくれグットラック賞などを受賞し，技術力の高さが認められ，2回目の経営革新計画の認定を受ける。

産学官連携に金融機関の支援（赤字期間は補助金を信用力に支援を受け危機回避），各賞の受賞とマスコミ取材が転倒予防靴下の販路開拓に効果を発揮し，黒字転換を果たす。

④ イノベーションの事業化段階

2009年には，科学技術振興機構の重点地域研究開発推進プログラムにより，「転倒予防靴下」の機能を高める「足関節背屈足趾伸展内外反矯正靴下」を開発するとともに，全国中小企業団体中央会の製品実証支援事業による広島県立安芸津病院での実証試験や県立広島大学保健福祉学部看護学科井上誠准教授との共同研究開発が開始される。

中小企業庁の元気なモノ作り300社選定，中国地区産学官連携功労者賞，中国地域ニュービジネス大賞で優秀賞，ニッポン新事業創出大賞アントレプレナー部門優秀賞など数々の表彰を受けるとともに，TBS「夢の扉」への出演などマスコミでも大きく取り上げられ，信用力が高まる。

これらがきっかけとなり，大手医療機器メーカーのテルモ株式会社より提携の申し入れがあり，転倒予防靴下を「アップウォーク」の商品名で2012年から販売を開始する。テルモからは生産設備の貸与も受け，商品パッケージには製造業者として自社名を明記する条件をつけるなど，単なる下請ではなく対等なパートナーとしての関係を構築している。ものづくり日本大賞優秀賞，3回目となる経営革新計画の認定を受ける。

図表6-7　コーポレーションパールスターのオープン・イノベーションの展開

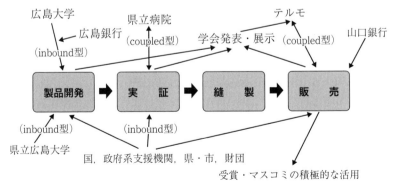

出所）筆者作成。

2014年には中小企業では取得がむずかしいとされる「医療機器製造業」「医療機器製造販売業」の許可を広島県の支援を受け取得している。

コーポレーションパールスターのオープン・イノベーションの展開を図式化すると，図表6-7のようになる。

5.2　加茂繊維

(1) 企業概要

加茂繊維の企業概要は，図表6-8のとおりである。オープン・イノベーションの分析対象は，着る岩盤浴「BS ファイン」の開発である。

図表6-8　加茂繊維の企業概要

名　称	加茂繊維株式会社
代表者	角野充俊
設立年月日	1973年8月1日
資本金	1,000万円
売上高	5億円
従業員数	43名
所在地	岡山県津山市加茂町青柳40番地
事業内容	肌着，ニット製品の製造販売，並びに着る岩盤浴「BS ファイン」の企画製造販売

出所）会社資料をもとに筆者作成。

(2) オープン・イノベーションの展開

① イノベーションの契機段階

1973年にグンゼ株式会社久世工場の下請として肌着専門の縫製工場を創業し，その後，工場革新活動により多品種少ロット生産を実現，グンゼトップクラスの協力工場となる。しかし，1990年代のグンゼの海外への生産拠点移行や縫製業が構造不況業種になる中で危機感が高まり，事業構造の変革に着手する。

② イノベーションの構想段階

事業構造の変革として，はじめに婦人アウターウエアの自社ブランドの企画・製造・販売に取り組んだが営業力が弱く失敗し，他社との差別化には「素材と

技術」の獲得が必要と痛感する。

　天然鉱石「ブラックシリカ」の陶板の上に置いた氷がわずか10分で溶ける様に衝撃を受け，機能素材実用衣料分野への進出を目指し，素材開発に着手する。

③ イノベーションの投資段階

　新素材，ポリエステル練り込み繊維の開発を目指すが，自社の技術だけではむずかしいことから大手紡績メーカー株式会社クラレへ共同技術開発を申し入れる。2004年から2年間，中小企業基盤整備機構の中小繊維事業者自立化事業の認定を受け，岩盤浴に用いられる天然鉱石ブラックシリカを練り込んだ独自素材繊維開発に成功する。

　2007年から経済産業省中国経済産業局の地域資源活用支援事業認定を受け，生地づくりを元請企業のグンゼへ発注することによって，遠赤外線による温熱効果が高い「着る岩盤浴 BS ファイン」の製品化が可能となった。

④ イノベーションの事業化段階

　販売面では，婦人アウターウエアでの失敗経験を活かし，通販王国ともいわれる九州の通販会社のノウハウを学び，通信販売に特化した。また，地元ラジオ局の番組に定期的に出演するなど，マスコミ効果をうまく活用して販売促進

図表6-9　加茂繊維のオープン・イノベーションの展開

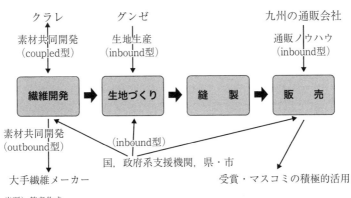

出所）筆者作成。

につなげている。

　2008年には，岡山県商工会連合会の地域資源活用部門優秀賞，2011年に中国地域ニュービジネス大賞優秀賞を受賞することにより，信用力を高めている。

　加茂繊維のオープン・イノベーションの展開を図式化すると，図表6-9のようになる。

5.3　考　察

（1）戦略的オープン・イノベーションの戦略性をどのようにして満たしているか

　①　戦略レベル：全社戦略（企業戦略・事業戦略レベル）での取り組みとなっているか

　大企業の場合は，オープン・イノベーションのための組織づくりと動機づけといった機能レベルからそのプロセスがはじまるが（米倉・清水　2015），中小企業の場合は，イノベーションの実行者が経営者であり，経営者が方針策定から現場での創意工夫までリーダーシップをとって全社的に取り組んでいる。つまり，シュンペーター（Schumpeter 1926）のいうイノベーションを担う「企業家」としての役割を経営者自身が果たしている。

　②　戦略焦点：全く新しい技術による新製品開発を目的としたイノベーションの設計図となっているか

　事例2社ともに，全く新しい素材の開発や新技術による新製品開発を目的としたイノベーションの設計を経営者自らが行い，外部の知識探索に取り組んでいる。

　③　戦略行動：大学や他企業をはじめとした外部資源を能動的に活用しているか

　イノベーションの設計に基づき，自社で対応できない技術開発や販売については，大企業や大学へ自らが積極的にアプローチすることによって克服している。

④ 組織間関係：win-win の関係が構築され，イノベーションへの関与者がともに利得を享受できているか

共同特許や戦略的提携方式の採用など，連携相手の大企業や大学側にもイノベーションの利益が享受できる事業の仕組みが構築されている。

⑤ 成果：有機的結合による価値創造ができているか

事例2社ともに，下請から脱却するのではなく，下請事業を維持しながらイノベーションに取り組んでいるし，イノベーションが実現しても引き続き下請事業を継続している。また，中小企業としての信用力不足を，大学や大企業との連携，表彰・マスコミ取材の積極的な活用により補っている。

(2) 研究開発等の上流部分における連携だけでなく，販売等の下流部分における連携も含めた事業化まで見通したイノベーションの仕組みを構築しているか

研究開発の上流部分（構想段階）では，まだ全体の展開が見通せていないが，投資・事業化段階に入ってから販売面での企業間連携が組み立てられている。また，公的支援を研究開発から販売まで各段階で連続的に活用したり，表彰・マスコミ取材等を販路開拓に活用することによって，最終的には研究開発から販売までの事業化の仕組みが構築されている。

大企業との企業間連携においては，相手側に飲み込まれることがないよう細心の注意を払いながら提携交渉を行っているし，オープン・イノベーションでの実質的なパワー関係は，中小企業側に主導権がある。これは，長年，下請企業として大企業と取引を行ってきた経験が，オープン・イノベーションに取り組む際に大企業に飲み込まれないためのノウハウとして生きているからである。

6. おわりに

本章では，イノベーション理論の中でも中小企業のイノベーション促進に貢

献すると考えられるオープン・イノベーションに着目し，中小企業におけるオープン・イノベーションの策定から実行・評価までの展開プロセスについて考察を行ってきた。

考察にあたっては，2つの視座「戦略的オープン・イノベーションの戦略性をどのようにして満たしているか」「オープン・イノベーションの展開プロセスが，産学官連携などによる研究開発の上流部分における連携だけではなく，企業間連携も含めた事業化まで見越したものとなっているか」を設定し，事例分析を行った。

その結果，中小企業におけるオープン・イノベーションの展開プロセスを明らかにすることができた。 （井上　善海）

参考文献

Chesbrough, H.（2003）*Open Innovation: The New Imperative for Creating and Profiting from Technology,* Harvard Business School Press.（大前恵一朗訳，2004,『OPEN INNOVATION』産業能率大学出版部）

Chesbrough, H.（2013）「オープンイノベーション　日本企業におけるイノベーションの可能性」新エネルギー産業技術開発機構（NEDO）

Schumpeter, J. A.（1926）*Theorie Der Wirtschaftlichen Entwicklung,*Duncker & Humblot.（塩野谷祐一・中山伊知郎・東畑精一訳，1937,『経済発展の理論』岩波書店）

Teece, David, J.（1987）*The Competitive Challenge: Strategies for Industrial Innovation and Renewal.*（石井淳蔵他訳，1988,『競争への挑戦―革新と再生の戦略―』白桃書房）

von Hippel, E.（1986）Lead users: A source of novel product concepts, *Management Science,* 32（7）．

井上善海（2011）『7つのステップで考える戦略のトータルバランス』中央経済社

井上善海（2014）「中小企業におけるオープン・イノベーションに関する一考察」日本マネジメント学会『経営教育研究』Vol.17, No.2

井上善海（2015）「中小企業におけるオープン・イノベーションの類型」東洋大学経営力創成研究センター『経営力創成研究』第11号

井上善海（2016a）「中小企業におけるオープン・イノベーションのマネジメント」東洋大学経営力創成研究センター『経営力創成研究』第12号

井上善海（2016b）「中小企業におけるオープン・イノベーションのメカニズム」日本マネジメント学会『経営教育研究』Vol.19，No.2

関根雅則（2013）「オープン・イノベーションの背景」『高崎経済大学論集』第56巻第1号.

中小企業庁（2015）『中小企業白書』2015年版.

真鍋誠司・安本雅典（2010）「オープン・イノベーションの諸相」『研究技術計画』Vol.25，No.1：8-35.

元橋一之・上田洋二・三野元靖（2012）「日本企業のオープンイノベーションに関する新潮流」経済産業研究所

米倉誠一郎・清水洋編著（2015）『オープン・イノベーションのマネジメント』有斐閣

※本章は，井上善海（2014，2015，2016a，2016b）の成果をまとめたものである。

第7章
ファミリービジネス研究の史的展開
－３つの主要テーマを中心として－

1. はじめに－「所有と経営の分離」神話

　従来，経営学や企業論においては，株式会社制度の下では所有権（オーナーシップ）の源泉である株式は，起業家・創業者の手から，規模拡大あるいは時の経過とともに，不特定多数の者に分散所有され，やがて専門経営者が登場し，企業は経営者企業になるといわれてきた。換言すれば，企業の業務内容が多様化・複雑化するにつれて，その管理を専門とするマネジャー（manager）が必要となり，やがて企業の経営は，起業家・創業者の所有から分離するという。

　こうした移行過程が，いわゆるチャンドラー（Chandler, Jr., A.）の唱える現代企業発展の論理であり（Chandler 1977），バーリー＆ミーンズ（Berle, A. F. and Means, G. C.）の「所有と経営の分離」説である（Berle et al. 1932）。こうした所論に従えば，所有と経営が一致するファミリービジネスは，やがて非ファミリービジネスに移行する，時代遅れの経営形態ということであった（鈴木 2000：562）。

　しかし，現実には，多くの国内外のファミリービジネス研究者が指摘しているように，発展途上国はもとよりわが国を含めた先進諸国においても，圧倒的に企業に占めるファミリービジネス（企業）の割合が高い（LaPorta et al. 1999；Classens et al. 2000；Anderson et al. 2003；後藤　2004, 2006；Saito 2008；井上　2008；Gomez-Mejia et al. 2011；入山・山野井　2014；沈　2014；淺羽　2015）。

　たしかに，最近では，北欧諸国やアメリカにおいて多数展開されているボーン・グローバル・カンパニー（Born Global Company）のように，創業と同時あるいは数年後に海外進出するベンチャービジネスの国際化がみられるようにな

った（中村　2008：1）。とはいえ，ほとんどの企業は，創業者によって起業される[1]ファミリービジネスである。こうした所有と経営が一致したファミリービジネスが，世代を超えて全世界で数多く維持・存続している原因の究明・解明こそがファミリービジネス研究のテーマと方向性であろう。

2. ファミリービジネスの成長プロセス

平均的なファミリービジネスと非ファミリービジネスの主な相違点をみてみよう（European Commission, *Enterprise and Industry Directorate-General* 2008：70）。

第1に，非ファミリービジネスでは，専門経営者が収益性を目的としてビジネスを統治（ガバナンス）しているが，ファミリービジネスでは，支配的なファミリーが，まずビジネスとファミリーを統治の対象とし，収益性だけでなく持続可能性や安定性，ファミリーの満足を目的としている。

第2に，非ファミリービジネスでは，金融・知識資産といった価値の創造を目的として，価格戦略あるいはマージン戦略を志向する。一方，ファミリービジネスでは，ビジネスの世代を超えての持続可能性つまり世代継承が重要視され，顧客をはじめ地域コミュニティ，ステークホルダーとの長期的関係性（評判や名声など）を築くことを意識した戦略を志向する。

第3に，非ファミリービジネスは，形式や契約上の協約に基づく公式組織によって身分を序列づけ，オーナーあるいは株主を満足させるため，事実に基づいて機能する合理的な経営管理機構を構築する。一方，ファミリービジネスでは，ファミリー性（Familiness—創業の精神やファミリーの価値観，文化を根源として，ビジネスの文化や価値観として根づいているもの）を基盤においた企業風土の中で，メンバー間の信頼・団結，企業への深いコミットメント・関わり合いといった非公式組織を重視した価値観や情緒的な目標によって運営される傾向がある（武井　2014：82）。

第4に，非ファミリービジネスは，収益性を高め，その利益を株主に分配す

ることを重視するが，ファミリービジネスでは，ビジネスの長期的維持・継続を目的とする再投資を重視する。

このように，ファミリービジネスでは，所有と経営の分離をファミリー性によって食い止めることに腐心するが，時の経過とともにこのオーナーシップ，ビジネス，ファミリーといった3つの要素も変化していくことになる。

それでは，この3つの要素の変化を時間軸でみてみることにする。

まず，ビジネスは，第1世代である創業者の手にその所有権（オーナーシップ）は握られている。このファミリービジネスは，ビジネスの需要に応える経営計画に基づいてビジネスと投資戦略を決定するが，ここにファミリーの期待に基づく家族計画がビジネス運営や戦略に関与してくることになる（Carlock 2010：6）。その結果，ファミリーとビジネスシステムとのコンフリクト（軋轢）が生じ，両者の調整が必要となる。

しかし，圧倒的なオーナーシップを握る創業者（第1世代）は，専制的・独断的な意思決定ならびに組織体制の下での迅速な意思決定によって，ファミリーとビジネスシステムとのコンフリクトを単純明快に解決するかもしれない。その後，ビジネスが順調に拡大し組織化されていくと，ビジネスにオーナー経営者の後継者候補である子女・子弟が企業に入社してくる。すなわち，親子が企業において共同就業する状態になるのである。やがて世代交代の機会が訪れ，事業が継承されていくことになる。

多くの場合，第2世代のオーナーシップは，兄弟や姉妹で構成される「兄弟共同経営」（兄弟オーナーシップ）といったオーナーシップの寡占状態の下，ファミリーによるチームによってビジネスが共有され，ビジネスの意思決定には彼らの同意が必要になる。次の第3世代以降へと事業承継が続くと，オーナーシップはファミリーメンバー内に分散していき，やがて従兄弟同士からなる「従兄弟連合」と呼ばれるオーナーシップ形態がとられる場合が多くなる（Kenyon-Rouvinez et al. 2005＝2007：44-46）。

この段階になると，多くのオーナーがいるためコンセンサスを得ることがむ

ずかしくなり，過半数とか多数決によって意思決定がなされるようになる。その結果として，ビジネスの存続がむずかしくなり，倒産・廃業あるいは第三者へのオーナーシップの移譲・移転の道をたどることになる。

3．欧米のファミリービジネス研究の展開

　欧米において，古くよりコンサルタントによるファミリーと企業の関係性について展望した著書がみられたが（Hoy 2012：117），ファミリービジネスの特徴や優位性に関する研究が盛んになったのは，1980年代後半のことであった（橋本　2014：235）。ワートマン（Wortman, M. S. Jr.）によれば，ファミリービジネスの研究方法に言及した唯一のものが，ハンドラー（Handler, W. C.）の研究である。ハンドラーは，ファミリービジネス研究分野では，首尾一貫した包括的なフレームワークが不足していたとして，自らファミリービジネス研究の理論統一を展望する研究成果を発表している（Handler 1988：3, 4, 17）。

　とはいえ，1980年代を代表するファミリービジネス研究者として挙げられるのは，ファミリービジネス研究に最初に着目したウォード（Ward, J. 1987）であろう。ウォードは，ファミリービジネスの経営者に対して，ビジネスの永続性の達成には良き計画（plan）が不可欠であるとし，マネジメントに対する実践的な戦略プランニングを提案する。その内容は，マーケティング，ファイナンス，戦略経営についてのアドバイスであり，それらはファミリービジネスには直接関係のない基本的なマネジメント原則であった。換言すれば，専門的なビジネス実践に際して，ファミリーがどのような役割を果たす必要があるのかを説いたものであった（Hoy 2012：117-118）。

　1990年代中頃になると，欧米の経営学分野において，とくにハーバード・ビジネス・スクールを中心として，ファミリービジネスの特異性に着目した研究が始められた（奥村　2015：7）。1990年代は，多くの研究者たちによって，ファミリービジネスに応用・適用可能な実例が報告された時期でもあった（Hoy

図表7-1　スリーサークル・モデルにみる所有と経営の関係

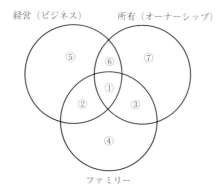

経営（ビジネス）　　　所有（オーナーシップ）

ファミリー

	区　分	経営	所有	典型的な事例	
①	株式を所有しビジネスに関与する会長・社長・役員職に就く創業者をはじめとするファミリーメンバー	○	○	創業者，会長，社長，役員	ファミリーメンバー
②	株式は所有しないがビジネスに関与するファミリーメンバー	○	×	次世代経営者（後継者）	
③	株式は所有するがビジネスに関与しないファミリーメンバー	×	○	引退した先代，配偶者	
④	所有とビジネスの両方に関与しないファミリーメンバー	×	×	配偶者，その子供（未成年）	
⑤	株式を所有しないファミリーメンバー以外のビジネス関係者	○	×	役員，管理者，従業員	非ファミリーメンバー
⑥	ビジネスに関与するファミリーメンバー以外の株主	○	○	役員，管理者，従業員持株会員	
⑦	ビジネスに関与しないファミリーメンバー以外の株主	×	○	取引先株主，一般株主	

注）　表の枠内の数字は上図の数字と対応している。
出所）　Gersick et al.（1997：14）に掲載のスリーサークル・モデルを後藤が加筆した図表（後藤　2012：31）に筆者が加筆・修正。

2012：118）。こうしたなか，学界とコンサルティング界から啓発的なファミリービジネス・モデルが提案された。これがガーシック（Gersick, K. A.）らのスリーサークル・モデル（Three-Circle Model）である。

　このモデルは，図表7-1「スリーサークル・モデルにみる所有と経営の関係」に示したように，ファミリーが経営（ビジネス）つまりファミリー企業に対し

て所有権（オーナーシップ）を保有することから生じる諸問題を，ファミリー，オーナーシップ，ビジネスの3つの円（サークル）が重なり合う部分を明らかにすることによって，その性格を考察しようとしたもので（Gersick *et al.* 1997：14），ファミリービジネス研究分野ならびにコンサルティング分野において，現在広く知られ活用されているものである。

　そして21世紀に入ると，とくにファミリービジネスの次なる課題として経営戦略が着目されるようになる。その代表的研究者であるミラー（Miller, D.）らは，多くのファミリー企業が，なぜ長い間生き残っているのかという問題意識から出発し，ファミリービジネスの一連の基本的特質を2つ見出した。1つ目は，長期永続するファミリー企業は，経営哲学，オーナーシップ，リーダーシップ，戦略などが他の非ファミリービジネス，つまり一般企業の常識や慣行とは異なっていること，2つ目は，こうした特徴は，ファミリービジネスの最大の欠点とみられていたが，実際にはその多くは競争優位性といった利点をもっているというものである（Miller et al. 2005：32）。

　ミラーらは，ファミリービジネスに対する詳細な事例分析から，ファミリービジネスは，際立つ4つの経営特性—① Continuity（継続性−夢の追求），② Community（コミュニティ−ファミリー集団の統合），③ Connection（コネクション−良き隣人であること），④ Command（コマンド−自由な行動と適応）—を組み合わせた企業固有の持続的な戦略を持っているとして，ファミリービジネスに必要な戦略として，① ブランド戦略，② クラフトマン戦略，③ 卓越したオペレーション戦略，④ イノベーション戦略，⑤ ディールメーカー戦略の5つタイプを挙げる（Miller et al. 2005：6-12）。これが，ファミリー企業の代表的な永続性モデルとして有名な4Cモデルである。

4．日本のファミリービジネス研究の展開

　大部分のファミリービジネス研究は，会計，金融，マネジメント，マーケテ

ィングを含む，戦略タイプに関連づけてその特徴を記述することができる。そのなかでも，明らかに，ファミリービジネス研究分野において大きな貢献を果たしたのは，経営学，経済学，心理学，社会学，法学であろう。すなわち，ファミリービジネス研究は，上記の学問分野の理論・知見・アプローチなどを応用・適用・敷衍可能な学際的研究分野といえる。

そうしたなかで，わが国のファミリービジネス研究は，欧米のようなファミリービジネスやファミリー企業を直接対象としたものでなく，老舗企業（商店）やその「のれん」を研究対象として2000年代に始まった。とくに老舗企業の研究は，最近では「長寿企業」あるいは「百年企業」の研究として継続されている（横澤　2000：倉科　2003：倉科編　2008：後藤　2009：久保田　2010）。そうした研究は，老舗・長寿企業の「家訓，社是，社訓」にみられる「信用第一」，「信頼」，「誠実」，「真面目」といったキーワードから「老舗として重要視すべきこと」，「基本的な経営指針」，「社内の共通価値観の醸成」をみることで，その永続性を探ろうとするものである（帝国データバンク資料館・産業調査部編 2009：24）。

わが国のファミリービジネス研究は，管見したところ，およそ2008年以降に盛んになってきたように見受けられる。そのアプローチは，諸外国の経営学，経済学，心理学理論を基礎に置く，(1) プリンシパル＝エージェント理論（principal-agent theory），(2) 資源ベース理論（resource-based view），(3) 社会情緒資産理論（socio-emotional wealth theory）の３つに準拠・依拠している。[2)]

まず，(1) プリンシパル＝エージェント理論では，株主（プリンシパル−依頼人）から委任された専門経営者（エージェント−代理人）が，株主の利益に反して自らの利益を優先した行動をとるエージェンシー・スラック（agency slack）あるいはエージェンシー・コスト（agency cost）を生じさせてしまう点に着目する。この点，所有（オーナーシップ）と経営（ビジネス）が一致しているファミリービジネスでは，上記のスラックやコストが軽減され，企業パフォーマンスが極大化するという（Demsetz et al. 1985）。

　しかし，入山章栄・山野井順一によれば，「同族所有」と「同族経営」では
プリンシパル＝エージェント理論から導き出されるインプリケーションは異
なる。つまりオーナー（ファミリー）の持株比率が高くなるほど，経営に対す
る影響（発言）力と経営者に対する監視（チェック）が強くなり，エージェン
シー・スラックやコストを軽減させることができる。そうした一方で，株主経
営者の持株比率が高くなると，スラックやコストを軽減させることができる反
面，企業資産・利益の私的流用，特別背任，粉飾決算などの企業不祥事を招い
たり，後継者が経営者としての能力・資質がいちじるしく劣っていた場合，ス
テークホルダーの利益を毀損する恐れが出てくる（入山・山野井 2014：30）。こ
れを防ぐ一般的な方法としては，社外取締役の選任，ステークホルダーの監視・
圧力，日本的なところでは「番頭」の存在などが挙げられている（奥村 2015：
15）。

　次の（2）資源ベース理論は，競争戦略研究の中から生み出されたもので，企
業が他の企業に対して比較優位性をもつ，つまり競争優位を保つには，① 価
値（value），② 希少性（rareness），③ 模倣可能性（immutability），④ 組織
（organization）を組み合わせる必要があるとする（Barney 2002）。こうした模倣
不可能な能力をコアコンピタンス（core competence）といい，ファミリー企業
のコアコンピタンスには，「のれん」，「家訓・社是・社訓」，「人脈」，「暗黙知」，
「経営者（創業者）自身」などといったものがある。そうしたオーナー（創業）
家のもつファミリー性（Familiness）は，創業の精神やファミリーの価値観，
文化を根源として，ビジネスの文化や価値観として根づいているものを意味す
る（Habbershon et al. 1999：11；木南　2012：3；武井　2014：82）。

　パーソンズ（Pearsons, A. W.）らは，このファミリー性を社会資本（social
capital）と位置づけ，ファミリービジネス内での社会資本開発の条件（体系的
な相互作用と関与）を整え，ファミリー企業の社会資本とケイパビリティを関
連づけることで競争優位性を確保し，ファミリー企業の資産と価値を創造する
ファミリー性の社会資本モデル（Social Capital Model）を展開している（Pearson

et al. 2008：956)。

最後に，(3) 社会情緒資産理論についてみてみよう。ゴメス−メヒア（Gomez-Mejia, L.R.）らによれば，社会情緒資産とは，「企業におけるファミリーの関与に直接関係する，ファミリー統合機能のすべての社会情緒的要素を説明する包括的な用語」である（Gomez-Mejia et al. 2015：5）。つまり，この社会情緒資産は，人間関係のつながりなどソフトな意味での社会資本と，情緒資本（emotional capital）とを合わせた広義なものとして使われている。

この情緒資本は，「組織の従業員が互いに良好な関係を築くのを助ける感情と信条のことで，組織に役立つ」ものであり（*The Cambridge Business English Dictionary*, Cambridge University Press 2016），社会情緒資本理論の基礎を築いたジェンドロン（Gendron, B.）によれば，「個人の認知，個人的・社会的・経済的成長に役立つ，人間固有の資源（感情能力）の集合である」という（Gendron 2004：9）。

オーナー（ファミリー）が力を持つファミリー企業では，慈善的環境がファミリーの社会情緒資産として，非ファミリー企業よりも従業員に対して「思いやりのある組織風土」（caring organizational climate）を作り上げる（Ibid.：9）。この思いやりのある組織風土とは，株主やオーナーの金融資産を最大限に増大させることよりも，むしろすべてのステークホルダーの繁栄こそが企業の守るべき関心事であることを，従業員が認識する職場のことである（Ibid.：11）。

ゴメス−メヒアらは，ファミリー企業自身が社会情緒資産の保持・増大による企業業績の向上を目指して，「思いやりのある組織風土」を推進する方法をモデル化しようとした（Ibid.：12）。

このようにファミリービジネスの創業家が，① 企業への強い感情的な結びつき，② 事業による一族の永続，③ 創業家内での利他主義といった主に3つの「非財務的な効用」（non-financial utility）を優先的に追求するという視点に立つのが，社会情緒資産理論である（入山・山野井　2014：31）。

5．ファミリービジネス研究の３つの主要テーマ

　ファミリービジネス研究は，経営学（ファイナンス理論など）を中心に，経済学，企業論，社会学，法学，文化人類学，社会心理学，人的資源管理論などのさまざまな周辺諸科学・理論からなる学際的研究分野である（Wortman 1999：4；奥村　2015：7）。

　上述したように，ファミリービジネス研究は，1980年代中頃より欧米を中心に，当初はファミリービジネス経営者の経営実践に役立つ提案・アドバイスの類から始まり，1990年代にはファミリービジネスの特異性の解明やファミリービジネスの定義づけ，そして2000年代に入ると，経営戦略の立案や経営モデルの構築，そして実態調査へとその方向性を取ってきた。

　ファミリービジネスの特徴は，ファミリーによって所有（オーナーシップ）と経営（ビジネス）の分離が食い止められ，一致している点にある。当然のことながら，ファミリービジネス研究は，この３要素－オーナーシップ，ビジネス，ファミリー－のそれぞれ，あるいは各々が関連した全体を研究対象としている。

　奥村昭博によれば，ファミリー研究の主たる理論的課題は，(1) 永続性（伝統と革新），(2) コーポレートガバナンス，(3) 事業承継の３つに整理できる（奥村 2015：7）。また，クリスマン（Chrisman, J. J.）らが1996年から2003年までに公表された190本の論文を分析したところ，上記と同様の３つの理論的課題がテーマとして多い順に挙がっている。すなわち事業承継（Succession；22.1%），永続性－業績との関連（Economic Performance；15.3%），コーポレートガバナンス（Corporate Governance；9.5%）といった具合である（Chrisman et al. 2003：50）。

　まず，(1) 永続性（伝統と革新）の研究についてだが，上述した老舗・長寿企業の研究テーマからもわかるように，何代も続くあるいは100年以上の長きに渡って維持・存続している原因の追究・解明を目的とするものである。永続性の条件は，伝統を守るとともに革新を続けるということであるが，何よりも

企業業績（パフォーマンス）が安定的に継続していることにある。

アンダーソン（Anderson, R. C.）らによれば，1992年から1999年のアメリカ S&P500企業403社を分析した結果，ファミリービジネスは非ファミリービジネスよりも財務業績（総資本利益率 − ROA）が高いという結果を得ている（Anderson et al. 2003：1301）。こうしたファミリービジネスと企業業績との関係に正の相関を発見した研究成果はその他にもみられる（Villalonga et al. 2006：414-415）。その多くは，たとえば，所有と経営の分離の程度が一定水準を超えている企業や創業家の CEO がトップにいる企業の方が，資産利益率（ROA）が高いといった結果が得られる一方で，ファミリーの持株比率が一定水準を超えたり，ファミリー出身の CEO が新たに就任すると財務業績は低下したりするなど，その研究成果には多様性がみられる（Anderson et al. 2003：1324；Bennedesen et al. 2007：647）。

わが国においても，日本のファミリー企業と非ファミリー企業の業績を比較する調査が実施されている（日経 BP 社編　2007：20-27）。この調査では，ファミリー企業を，①所有と経営が一致している，②所有しているが経営していない，③所有していないが経営しているといったように，所有と経営の一致・分離の程度によって3タイプに分け，その3つと非ファミリー企業との ROA（総資本利益率）・ROE（株主資本利益率）を比較すると，ともにファミリー企業が非ファミリー企業の数字を上回るという結果を得た（同上　26）。

しかし，こうした結果があるとはいえ，ファミリー性が企業業績に与える影響についてはいまだ明確な決着はついていないのが現状である（Gomez-Mejia et al. 2011；入山・山野井　2014：32）。

次に，(2) ファミリービジネスのガバナンスについてだが，ファミリー企業は所有と経営が一致しているため，ファミリーメンバーの持株比率の程度によって，ガバナンスの効き方が異なってくる。淺羽茂は，ファミリービジネスには，①エントレンチメント（entrenchment）効果と呼ばれる，大株主であるファミリーが少数株主を犠牲にして私的便益を得ようとする力と，②アライン

メント（alignment）効果と呼ばれる，経営の効率化を図ることで自らの利得の極大化を図る，創業家による長期的スパンで企業価値を高めようとする力が働くという（淺羽　2015：25）。

①の力が強ければ，企業資産・利益の私的流用，特別背任，粉飾決算などの企業不祥事を招く恐れがある一方で，②の力が強ければ，ファミリー経営者は，ファミリー企業の企業価値やファミリーの名声を高めるために，長期的展望に立って健全な財務体質を築き，高い収益を生み出すインセンティブを抱くようになる（同上　26）。

最後に，（3）ファミリービジネスの事業承継についてだが，ファミリーにとって，創業者から次世代の候補者（主に子息・娘）に事業（ビジネス）を受け継がせることは，所有と経営を委託することに他ならない。カーター（Carter, J. J.）らによれば，初代から2世代目に無事に事業承継が完了したのは調査対象のファミリー企業全体のわずか30%，3世代目は10〜15%，4世代目以降ともなると3〜5%しか企業が存続していないという[3]（Carter et al. 2010：565）。

2012年の帝国データバンクの「後継者問題に関する企業の実態調査」によれば，①国内企業の3分の2（66.1%）で後継者が不在で，現社長が60歳以上の企業では半分（50.0%），80歳以上の企業では3分の1（32.4%）と後継者の不在問題は深刻化している（帝国データバンク　2012：2）。小規模企業での事業承継問題のポイントは，継ぐべき子供がいないのではなく，子供に継ぐ意思がないということである（中小企業庁　2013：140）。これは，事業を後継者に託し継続したいにもかかわらず，子供に継ぐ意欲がないために廃業せざるを得ないことを意味する。

山口勝士は，こうした事業を継ぐ意欲がない潜在候補者の意欲を高める要因と，その意欲を承継が完了するまで維持するための要因に注目し，意欲を持つまでの時点と，持った後の時間軸について承継プロセスの包括的モデルの構築を試みた（山口　2013：33, 37）。まずもって後継者に引き継ぐ意欲があることが，ファミリー企業の承継プロセスを成功させる決定的な要因である。そして潜在

後継者の承継意欲を動機づける要因は，① 次世代に受け継ぐ意向，② 模範となる人物の存在，③ 継承可能なビジネスの存在がある（同上　40）。そのためには，ファミリー企業の先代経営者は，潜在後継者に引き継ぐ意欲を持たせ，意欲が落ちないような環境づくりを，幼少期より長い期間をかけて準備する必要がある。

6．おわりに

　ファミリービジネスの定義については，多岐・多義に渡っており，「共通性はみられない」（Wortman 1994：3）とか，「極めて曖昧」（橋本　2014：6）であるといった見解が多くの文献にみられ，統一的・包括的な定義は定まっていない。とはいえ，ファミリービジネスの定義は，① 主観的指標（Subjective indicator），② 構造的（所有権ベース）指標（Structural – ownership-based indicator），③ 機能的指標（Functional indicator），④ 世代間継承指標（Generational transfer completed indicator）の4つの指標に整理できる（Family Entrepreneurship Working Group：34-35）。さらに，この4つの指標は，「ファミリーメンバーの持株比率による所有や支配構造」と「社内（ビジネス）での地位や事業承継の有無」の2つの視点に大別できる（橋本　2014：235-246）。

　こうしたファミリービジネスをファイナンス論と経営学の視点，つまり「所有と経営の分離の程度」と「ビジネスへのファミリー（メンバー）の関与の程度」の視点で整理した理論として，つとに知られたものが前掲（図表7-1）のガーシックらのスリーサークル・モデルである（Gersick et al. 1997：14）。

　このモデルで浮き彫りになったのは，所有（オーナーシップ）と経営（ビジネス）に関わるファミリーメンバーの立ち位置である。① は「株式を所有しビジネスに関与する会長・社長・役員職に就く創業者をはじめとするファミリーメンバー」，② は「株式は所有しないがビジネスに関与するファミリーメンバー」，③ は「株式は所有するがビジネスに関与しないファミリーメンバー」で，フ

ファミリービジネスでは，この3者の株主（オーナーシップ）の存在がビジネス（企業）に多大な影響を与えるのである。

　本章では，こうした3者を研究対象とした国内外のファミリービジネス研究の展開と，学際的研究テーマであるファミリービジネス研究への周辺諸科学・理論からのアプローチを整理した。欧米に比べてわが国のファミリービジネス研究はまだ緒についたばかりである。「所有と経営の分離」神話の呪縛から解き放たれて，ファミリービジネス研究のさらなる進展が望まれる。　　（幸田　浩文）

注

1) ゴメス－メヒアらによれば，95%の企業がファミリービジネスから開業するという（Gomez-Mejia et al. 2015：2）。
2) この理論の名称は英語では socio-emotional wealth theory だが，社会情緒資産理論の他に，社会的情緒資産理論あるいは社会情緒的資産理論などの訳語がある。
3) 中小企業庁編『中小企業白書〈2011年版〉』「第3－1－11図　企業の生存率」p.187によれば，企業は起業後，10年後には約3割，20年後には約5割の企業が廃業していることからみても，ファミリー企業が世代を超えて生き残ることはきわめてむずかしいことがわかる。

参考文献

Anderson, R.C. and D. Reeb (2003)"Founding-Family Ownership and Firm Performance: Evidence from the S&P 500," *Journal of Finance*, 58 (1)：1301-1327.

Barney, J. B. (1991) "Firm Resources and Sustained Competitive Advantage," *Journal of Management*, 17 (1)：99-120.

Barney, J. B. (1995) *Gaining and Sustaining Competitive Advantage*, Second Ed., Prentice Hall.（岡田正大訳，2003,『企業戦略論―競争優位の構築と持続―（上）基本編』ダイヤモンド社）

Bennedsen, M., Nielsen, K. M., Pérez-González, F. and D. Wolfenzon (2007)"Inside the Family Firm: The Role of Families in Succession Decisions and Performance," *Quarterly Journal of Economics*, 122：647-691.

Berle, A. and G. Means (1986)*The Modern Corporation and Private Property*, Transaction Publishers.（北島忠男訳，1958,『近代株式会社と私有財産』文雅堂銀行研究社）

Carlock, R. S. (2010) "When Family Businesses are Best," *INSEAD Working Paper*, No. 2010/42/EFE, 1-23. https://flora.insead.edu (2016年8月20日閲覧)

Carter, J. J., Ⅲ and B. T. Justis (2010) "The Development and Implementation of shared Leadership in Multi-Generational Family Firms," *Management Research Review*, 33 (6): 563-585.

Chandler, Jr., A. (1977) *The Invisible Hand: The Managerial Revolution in America Business*, Cambridge: Harvard University Press.

Chrisman, J. J., Chua, J. H. and Sharma P. (2003) "Current Trends and Future Directions in Family Business Management Studies: Toward a Theory of the Family Firm," written for the 2003 Coleman White Paper series: 1-62.

Claessens, S., Djankov, S. and L. Lang (2000) "The Separation of Ownership and control in East Asian Corporations," *Journal of Financial Economics*, 58 (1-2): 81-112.

Demsetz, H. and L. K. Kenneth (1985) "The Structure of Corporate Ownership: Causes and Consequences," *Journal of Political Economy*, 93 (6): 1155-1177.

European Commission, Enterprise and Industry Directorate-General (2008) "Overview of Family-Business Relevant Issues," Austrian Institute of SME Research.

Gendron, B. (2004) "Why Emotional Capital Matters in Education and in Labour? Toward an Optimal Exploitation of Human Capital and Knowledge Management," in *Les Cahiers de la Maison des Sciences Economiques*, Série Rouge, n° 113, Paris: Université Panthéon-Sorbonne.

Gersick, K. A., Davis, J. A., Hampton, M. M. and I. Lansberg (1997) *Generation to Generation: Life Cycles of the Family Business*, Boston, MA: Harvard Business School Press.

Gomez-Mejia, L.R., Cruz, C., Berrone, P. and J. De Castro (2011) "The Bind that Ties: Socioemotional Wealth Preservation in Family Firms," *The Academy of Management Annals*, 5 (1): 653-707.

Gomez-Mejia, L.R., and M. Siegfried (2015) "The Pursuit of Socioemotional Wealth in Family controlled Firms,": 1-28. http://coller.tau.ac.il/sites/nihul.tau.ac.il/files/media_server/Recanati/strauss/ Conference%202015/LUIS-GOMEZ-MEJIA-May-2015.pdf" (2016年10月17日閲覧)

Habbershon, T.G. and M.L. Williams (1999) "A Resource-Based Framework for Assessing the Strategic Advantages of Family Firms," *Family Business Review*, 12 (1): 1-25.

Handler, W.C. (1988) "Conducting Empirical Research in Family Firms: Five Methodological Messages," *Proceedings*, 1988 Annual Meeting, International Council for Small Business, Marietta, CA: School of Business, Kennesaw College:146-152.

Hoy, F. (2012) "Book Review," *Family Business Review*, V25 (1): 117-120.

Kenyon-Rouvinez, D. and J. L. Word (2005) *Family Business: Key Issues*, Houndmills: NY, Palgrave Macmillan. (秋葉洋子訳, 2007, 『ファミリービジネス／永続の戦略―同族経営だから成功する―』ダイヤモンド社)

La Porta, R., Lopez-de-Silanes, F. and A. Shleifer (1999) "Corporate Ownership around the World," *Journal of Finance*, 54 (2): 471-517.

Miller, D. and I. Le Breton-Miller (2005) *Managing for the Long Run: Lessons in Competitive Advantage from Great Family Businesses*, Boston, MA: Harvard Business School Press. (斉藤裕一訳, 2005, 『同族経営はなぜ強いのか?』ランダムハウス講談社)

Miller, D. and I. Le Breton-Miller (2012) "Managing for the Long Run: Lessons in Competitive Advantage from Remarkable Family Business - And Some Follow-up Studies," Erasmus Centre for Family Business Academic Symposium.

Pearson, A. W., Carr, J.C. and J.C. Shaw (2008) "Toward a Theory of Familiness: A Social Capital Perspective," *Entrepreneurship Theory and Practice*, 32 (6): 949-969.

Saito, T. (2008) "Family Firms and Firm Performance: Evidence from Japan," *WIAS Discussion Paper*, No.2007-5, Tokyo, Japan, Waseda University.

The Cambridge Business English Dictionary, Cambridge University Press 2016. http://dictionary.cambridge.org/dictionary/english/ (2017年1月18日閲覧)

Villalonga, B. and R. Amit (2006) "How do Family Ownership, Control and Management Affect Firm Value?" *Journal of Financial Economics*, 80 : 385-417.

Ward, J. L. (2011) *Keeping the Family Business Healthy: How to Plan for Continuing Growth, Profitability, and Family Leadership*, New York, NY: Palgrave Macmillan. Originally published in 1987 by Jossey-Bass.

Wortman, Jr., M. S. (1994) "Theoretical Foundations for Family-Owned Business: A Conceptual and Research-Based Paradigm," *Family Business Review*, 7 (1): 3-27.

淺羽茂 (2015)「日本のファミリービジネス研究」『一橋ビジネスレビュー』東洋経済新報社, 63 (2): 20-30

井上兼吾 (2008)「老舗企業を事例とした永続経営の研究」高知工科大学大学院工学

研究科 修士（学術）学位論文. http://www.kochi-tech.ac.jp/library/ron/2008/g16/M/1107007.pdf（2016年8月20日閲覧）

入山章栄・山野井順一（2014）「世界の同族企業研究の潮流」『組織科学』48（1），白桃書房：25-37

奥村昭博（2015）「ファミリービジネスの理論―昨日，今日，そしてこれから―」『一橋ビジネスレビュー』63（2），東洋経済新報社：6-19

木南章（2012）「農業経営と経営管理の企業形態論的検討―主として家族経営に着目して―」日本農業経営学会シンポジウム http://www.geocities.jp/fbm_rd/20120921.pdf（2016年10月2日閲覧）

久保田章市（2010）『百年企業，生き残るヒント』角川 SS コミュニケーションズ

倉科敏材（2003）『ファミリー企業の経営学』東洋経済新報社

倉科敏材編著（2008）『オーナー企業の経営―進化するファミリービジネス―』中央経済社

後藤俊夫（2004）「ファミリー企業における長寿性」『関西国際大学地域研究所研究叢書』1，関西国際大学地域研究所：91-114

後藤俊夫（2006）「ファミリー企業における CEO の承継―東アジアの知見―」『関西国際大学地域研究所研究叢書』3，関西国際大学地域研究所：57-75

後藤俊夫（2009）『三代，100年潰れない会社のルール―超長寿の秘訣はファミリービジネス―』プレジデント社

沈政郁（2014）「血縁主義の弊害：日本の同族企業の長期データを用いた実証分析」『組織科学』48（1），白桃書房：38-51

鈴木良隆（2000）「アルフレッド・チャンドラーと経営史学」『一橋論叢』123（4），日本評論社：557-572

武井一喜（2010）『同族経営はなぜ3代でつぶれるのか？』クロスメディア・パブリッシング（インプレス）

中小企業庁編（2011）『中小企業白書〈2011年版〉震災からの復興と成長制約の克服』

中小企業庁編（2013）『中小企業白書〈2013年版〉自己変革を遂げて躍動する中小企業・使用規模事業者』

帝国データバンク資料館・産業調査部編（2009）『百年続く企業の条件―老舗は変化を恐れない―』朝日新聞出版

帝国データバンク（2012）「後継者問題に関する企業の実態調査」https://www.tdb.co.jp/report/watching/press/pdf/p160204.pdf（2016年10月22日閲覧）

富樫直樹監修（2007）『ファミリービジネス／永続の戦略―同族経営だから成功する―』（秋葉洋子訳）ダイヤモンド社

中村久人（2008）「ボーン・グローバル・カンパニー（BGC）の研究―その概念と新

しい国際化プロセスの検討―」『経営論集』72, 東洋大学経営学部：1-16

日経 BP 社編（2007）「データが証明！ファミリー企業は強い」『日経ベンチャー』4
　月号，日経 BP 社：20-27

橋本浩介（2014）「税法上の同族会社とファミリービジネス―税制改正におけるファ
　ミリービジネスの視点の導入の重要性に関する一考察―」『日本大学大学院総合
　社会情報研究科紀要』第15号, 日本大学大学院総合社会情報研究科：235-246

山口勝士（2013）「ファミリー企業の承継プロセスにおける潜在後継者の引き継ぐ意
　欲の影響要因―リサーチ・モデルの構築―」『商学研究科紀要』77, 早稲田大学大
　学院商学研究科：33-56

横澤利昌（2000）『老舗企業の研究―100年企業に学ぶ伝統と革新―』生産性出版

第8章
企業家と地域の関係
—ソーシャルキャピタルの観点から—

1．はじめに

　スモールビジネスは，その名の通り小規模である。大企業と比較すれば，スモールビジネスの活動できるフィールドは狭い。フィールドが限られるからこそ，スモールビジネスは所在する地域との関係を無視できない。スモールビジネスは，企業家の創業する小規模な事業にそのプロセスのはじまりがある。当然，スモールビジネスの創造にも，その主体となる企業家と地域との関係を無視することはできない。この章の目的は，イノベーションと業績に関して，地域が企業家に与える影響を明らかにすることである。企業家と地域の関係について，ソーシャルキャピタルをキーワードとして展開する。この目的の達成のために，ネットリサーチによる定量調査を行った。企業家が集まり，彼らが良好な関係を築き，あるいは，その地域に愛着を持てる地域であることがイノベーションおよび業績を高める可能性が，調査の結果として示される。

2．地域における企業家活動

2.1　福岡における企業家活動

　近年では，ハイテクレベルでのベンチャー産業競争力強化法支援のみならず，地域を挙げて企業家を支援しようという動きがある。[1]とくに2014年に福岡市が「福岡市グローバル創業・雇用創出特区」として選定されたことは，その典型例であろう。しかし，福岡市の地域をあげての企業家支援の動きは，2014年に唐突に開始したものではない。

　さかのぼって2011年に，九州産業大学産業経営研究所が「福岡県の地域経済
と企業活動」プロジェクトを展開した。このプロジェクトのメンバーであった
筆者は，福岡県全体および福岡市の企業家活動を調査していった。行政，企業
家に聞き取り調査をしていく過程で，福岡市の開業率が高いという事実や，福
岡市には企業家を「受け入れる文化」の存在する可能性などといったことが明
らかになっていった。[2)]

　2013年10月，九州産業大学において，日本マネジメント学会第68回全国研究
大会が開催された。この大会の統一論題は，「地域における企業家とマネジメ
ント」であった。これは同年の次の2つの学術誌の特集を受けてのことであっ
た。ひとつはアントレプレナーシップ・セオリー・アンド・プラクティス誌
(*Entrepreneurship Theory and Practice*) が Volume 37, Issue 3において「ソーシ
ャルキャピタルと企業家活動 (Social Capital and Entrepreneurship)」を取り扱
ったことである。もうひとつは，ジャーナル・オブ・ビジネス・ベンチャリン
グ誌 (*Journal of Business Venturing*) が Volume 28, Issue 1において「制度，企
業家，コミュニティ (Institutions, Entrepreneurs, Community)」を取り扱ったこ
とである。これらの特集は異論もあろうけれども，おおまかに企業家と地域社
会との関連に焦点をあてたものであった。[3)] 企業家研究の二大雑誌が特集を組み，
またその後の国家戦略特区につながる福岡市での開催ということから，この大
会は時流を得たものであった。

2.2　地域における企業家

　地域における企業家活動を見ることは，国家における企業家活動を見ること
よりも重要である。開業率の日米比較から，日本は開業に対する理解がないな
どと思われがちである。これに対して，アメリカは企業家活動が当然のように
受け入れられるというイメージで語られることがある。しかし，そのアメリカ
でさえ，シリコンバレーのような企業家の活躍する地域がある一方で，他方で
は企業家に対して閉鎖的な地域もまた多く存在する。たとえば，ベンチャー企

業の失敗を報じる新聞社の姿勢の調査がある。その調査では，ベンチャーの失敗を報道する姿勢はその失敗が起きた地域によってことなっていたことが示された（Cardon et al. 2011）。この調査結果が示すように，アメリカ国内であっても社会的，あるは文化的に地域によって企業家や企業家活動の捉え方は異なる。

　また，イギリスにおける各地域の創業率の長期的な変化の分析でも地域ごとに創業率に明確な差があることが示されている。しかも，この調査では以前の他の研究におけるデータと比較しても同様の傾向となることが明らかになっている（Johnson 2004）。つまり，地域によって企業家への考え方は異なり，企業家の行動パターンも異なってくる，ということである。

　通常，地域（region）と企業家との関係で展開される領域では，先端的な研究開発分野が取り扱われる。とくにポーター（Porter, M. E.）のように産業集積，クラスターといった観点がそのメインストリームであった。それは，企業家の起こすイノベーションにより新しい経済成長を生み出すためには，専門性をもつクラスターのようにプレイヤーを1ヵ所に集めるのが効果的であるという観点である。しかし，それらクラスターに見られたのは，新たな企業の登場による産業形成よりも，既存企業の地域経済再生としては検討の余地を持つものである，との指摘もある（西澤　2012）。

　クラスターとともに企業，行政，研究機関等の集積やネットワークを分析することがある。それらを有効に関連づけるフレームワークが検討され，昨今ではエコシステムという企業家をとりまく生態系も注目されている（Zacharakis et al. 2003；西澤　2012；Nambisan and Baron 2013）。

2.3　企業家をめぐるソーシャルキャピタル

　企業家をめぐるネットワークの研究では，そのネットワークがパフォーマンスに影響するとして展開される。これについて，ネットワークそれ自体がパフォーマンスに直接影響するのではなく，多くの社会的要因を伴ってパフォーマンスにつながる，とする見方もある（Gedajlovic et al. 2013）。ネットワークやク

ラスター，あるいはエコシステムといった地域社会の諸要因あるいは構造，システムが，何らかのアウトプットに影響する場合，社会的要因がそこに介在し影響する。そこで社会的要因に注目してみるのがここでの試みである[4]。

　社会的要因を分析するものとして，ここではソーシャルキャピタルを取り上げる。ソーシャルキャピタルは，経営学の世界ではネットワークとそれに内在する資源として位置づけられることが多い（Bourdieu 1986；Batjargal and Liu 2004；Fang et al. 2015；Haynes et al. 2015）。この構造には，信頼，互恵，情報，協力といったものが存在する。企業家は，これらを利用することによって，資源へのアクセスを容易にすることができる（Terjesen et al. 2010）。

　企業家が，多数出現し集積することで経済活動を活性化するときにはソーシャルキャピタルが存在するから成り立つとする調査がなされている。たとえば，企業家は，ソーシャルキャピタルの影響により創業したり（Kacperczyk 2013；Prakash et al. 2015），資金調達したり（Batjargal and Liu 2004；Seghers et al. 2012），多くの資源にアクセスしたりしてパフォーマンスを向上させる（Bourdieu 1986；Florin et al. 2003；Fang et al. 2015；Haynes et al. 2015），といったことが示されている。

2.4　ソーシャルキャピタルと企業家活動との関係

　ソーシャルキャピタルは企業家活動に影響を与える。企業家活動のスタートとなる創業にあたっては，企業家にとって身近な人物が創業を促進することが示されている（Mueller 2006；Kacperczyk 2013；Prakash et al. 2015）。とくに創業の意思決定の際に，ソーシャルキャピタルが金銭的な要因よりも企業家に強く影響を与えるものとして注目される（Mueller 2006）。新事業を展開するうえで重要な資金調達の面でも，金融関係の人物との関係があることがその成否に影響している（Batjargal and Liu 2004；Seghers et al. 2012）。その他，多くの資源にアクセスすることで企業家がパフォーマンスを向上させることなどが，いくつかの調査で示されている（Bourdieu 1986；Florin et al. 2003；Fang et al.

2015；Haynes et al. 2015)。

　しかし，ソーシャルキャピタルは，そもそもその社会維持のために存在するものである。社会を維持しようとするプレイヤーが，新参者として業界を脅かす存在となりうる企業家を無条件に受け入れられるわけではない。オードリッチ＆キールバック（Audretsch D. B. and M. Keilbach）やベンカタラマン（Venkataraman S.）は，企業家活動キャピタル（entrepreneurship capital）というソーシャルキャピタルに類似した概念を提示している（Audretsch and Keilbach 2004；Venkataraman 2004)。それは引き合いに出されるパットナム（Putnam, R. D.）の『孤独なボウリング』との対比によるものである。パットナムは，かつての古き良き時代を構築するものとしてソーシャルキャピタルを位置づけている。しかし企業家活動，とくに新しい経済発展につながるような活動は，その古き良き時代の社会を破壊することを含む。この場合ソーシャルキャピタルは企業家活動の阻害要因である。

　そもそもソーシャルキャピタルに限らず，すべての金銭的なキャピタルや資源が，かならずしもパフォーマンスにつながるわけではない（Westlund and Bolton 2003)。ソーシャルキャピタルでも企業家活動の阻害要因としてみなされる調査が多い。たとえば，企業家活動を促進しないソーシャルキャピタルの存在が指摘されている（Light and Dana 2013)。ソーシャルキャピタルは，経済活動全体に対して否定的なのではなく，企業家という新しい変革を生む存在に対して否定的である，という理解がある。

　また最近では，単純に促進するか阻害するかのみならず，ソーシャルキャピタルの性質をさらに細かく見る調査が進んでいる。たとえば，状況によって影響する要因が異なるということが明らかになってきた（Pirolo and Presutt 2010；Rooks et al. 2016)。このように，どういう要因がどういった状況にとってよいのか，という細かく分ける考えや条件適合的な考え方もでてきている。

2.5　イノベーションのプロセス

　企業家は先端分野の研究開発ベンチャーのみならず，非ハイテクのスモール
ビジネス一般にも見られる。先端分野ではない地域社会と企業家を見るとすれ
ば，ソーシャルキャピタルのような社会的要因に注目して分析することが，本
章のテーマでは適切であると考えられた。とくに本来明らかにされるべきエコ
システムの全体像よりも，それらの関係性をみるのが本章の焦点である。ここ
では非ハイテクのスモールビジネスもふくめて検討する。自営業者のような「イ
ノベーションの担い手の企業家」とはみなされなかったスモールビジネスを含
め，社会においてどのような要因がどのような影響を持ちうるかが重要となる。[5]

　さて，イノベーションには多様な理解がある。シュンペーター（Schumpeter,
J. A.）のような発明にとどまらず大規模な変化を重視した理解もあれば，小さ
な新しい取り組みといった理解もある。組織におけるイノベーションの扱い方
は，イノベーションの成果をみるだけではない。イノベーションがどのような
プロセスでなされるかという考え方もある（Crossan and Apaydin, 2010）。ここ
では，スモールビジネス一般を取り扱うわけであり，創造的破壊としての成果
よりも，イノベーションのプロセスの最初が重視される。すなわち，新しい製
品・サービスあるいはその提供方法といった，なにかしらの新しいことへの取
り組みに重点を置く。

2.6　仮説提示

　企業家が地域社会からソーシャルキャピタルの恩恵を受けていれば，イノベ
ーションの可能性が高まり，また業績も上がるはずである。それは，オードリ
ッチ＆キールバックやベンカタラマンらのいう企業家活動キャピタル，あるい
は企業家活動に貢献するようなソーシャルキャピタルが有効に機能している状
況である。

　企業家活動に貢献するソーシャルキャピタルがあるということは，その地域
の企業家に信頼，互恵，情報，協力といったものがその地域に存在することで

ある（Terjesen et al. 2010）。それはたとえば，企業家が集まりやすく，地域の経営者たちとの関係が良好であることなどである。これはベンカタラマンの企業家活動キャピタルが有効に機能している「好循環」（virtuous cycle）の説明にも沿う。また企業家間の交流が増えれば，その分イノベーションにつながるアイディアが発生しやすくなるはずである。それに伴い，その地域のプレイヤー間の取引量も増え業績も高まるはずである（Robson et al. 2012）。以上のことから，ここでは次の仮説を提示する。

　仮説1　ソーシャルキャピタルが，そこに存在する企業のイノベーションの可能性を高める
　仮説2　ソーシャルキャピタルが，そこに存在する企業の業績を高める

　さらに，取引先との距離や（Bourdieu 1986），隣接店舗との親近感（小野瀬2013），地域リーダーになること（粂野　2005），企業家の集会への参加（小野瀬2009）などといった事柄が，これらのイノベーションや業績を高めると考えられた。

3．調査方法

3.1　サンプリング

　今回の調査では，既存研究によって示された文献でも一般的な定量的調査を行う。地域と企業家との関係を丁寧に分析する定性分析が行われることがある。定性分析は丁寧な分析がなされやすく事実に接近しやすい特性をもつ。しかし，分析の特性上，いくつかの地域の個別事例にとどまる場合がある。これに対して，ここでは，不特定多数の企業家を分析することで，地域と企業家の関係についての一般的な傾向を求めようとする立場をとる。逆にいえば，それは地域と企業家の動態に伴う深層の事実を見逃す可能性も含む。

　標本抽出の際，創業者の台帳を確保できなかったため，ネットリサーチを行うこととした。筆者は，楽天リサーチによるネットリサーチを2014年10月27日に行った。これにより創業経営者300のサンプルを確保した。本書はスモールビジネスをテーマにしており，また研究開発型ベンチャーに限定していない。そのため，今回の分析は法人企業に限定せず個人事業主も含めた分析を行う。分析するにあたり，売上高等について不十分な回答がなされているサンプルを除外した。その結果159のサンプルが確保され，このサンプルにより分析を行うこととした。

3.2　変　数

　ネットリサーチ実施にあたり，経営状態を回答させるものと，企業家の状態の回答として「性別」「年齢」「会社年齢」「資本金」「従業員数」を数量化した。現状の回答として7点尺度による回答を依頼し，その点数によって数量化された項目より独自に「ソーシャルキャピタル」「業績」「イノベーション」等の独立変数を設定した。

　ソーシャルキャピタルの変数にあたっては，既存研究を基にして新たに変数を構築する必要があるように考えられた。ソーシャルキャピタルがベンカタラマンの企業家活動キャピタル説でいう好循環を見せているのであれば，そこには起業家が集まるという現象が見られるはずである。

　以上をもとに，ソーシャルキャピタルの変数として，質問項目をもとにソーシャルキャピタルの独自の変数を設定した。まず「起業した場所は起業家が集まりやすい」を質問項目に設定した。企業家の集まる地域には，多くの企業家が友好的な関係を維持することが想定された。企業家を受け入れていく好循環が，企業家にとって有効なソーシャルキャピタルの特徴となるはずである。かくして，「地域の経営者たちとの関係は良好である」を設定した。性質の異なる3つの質問を盛り込むこととなり，クロンバック α は0.622となった。

3.3　分　析

　変数間のそれぞれの相関行列は以下のとおりである。このうち「ソーシャルキャピタル」との相関係数として0.45から0.5ほどのやや高い数値を示した変数がある。それぞれVIFを確認すると「隣接店舗との親近感」（VIF = 1.254），「地域リーダー」（VIF = 1.267），「集会参加」（VIF = 1.341）の項目との間にされた。このそれぞれのVIFから多重共線性の問題が調査結果に深刻な影響を持つ可能性は低いと判断された。

　ここでの試みは回帰分析によって係数の正負とその有意さを見ることにとどめる。この理由は，本章の目的がモデルを提示することではなく，影響の程度を確認し判断することを中心においているためである。ソーシャルキャピタルを中心とした社会的要因とみた場合，それが企業家活動を支持するか（Estrin et al. 2013；Gedajlovic et al. 2013），阻害するか（Putnam 2000；Light and Dana 2013），あるいはその影響に制約があるのか（Khoury et al. 2009；Pirolo and

図表8-1　相関係数

	平均	SD	1	2	3	4	5	6	7	8	9	10	11	12
1 社歴	12.925	9.911												
2 売上高	192.2[注1]	20.9[注1]	-0.001											
3 資本金	3.8[注1]	7.5[注1]	0.082	0.261										
4 従業員数	2.270	2.021	0.080	0.361	0.070									
5 性別	1.057	0.232	-0.059	0.008	0.028	-0.114								
6 年齢	51.962	8.445	0.282	-0.013	0.111	0.155	-0.222							
7 ソーシャルキャピタル	12.704	3.103	-0.043	-0.120	-0.117	-0.210	-0.329	0.114						
8 取引先距離	4.799	1.676	0.051	0.039	-0.073	0.052	-0.036	0.204	0.206					
9 隣接との親近感	4.289	1.407	-0.001	-0.072	-0.140	-0.083	-0.186	0.111	0.450	0.304				
10 地域リーダー	5.214	1.681	-0.133	0.027	-0.102	-0.235	0.034	-0.002	0.459	0.251	0.212			
11 集会参加	5.138	1.553	-0.056	-0.054	-0.126	-0.304	0.013	-0.040	0.504	0.237	0.280	0.759		
12 イノベーション	18.283	5.491	0.010	-0.111	-0.057	-0.152	-0.152	-0.018	0.357	0.065	0.175	-0.074	0.095	
13 業績	12.755	3.496	0.091	-0.165	-0.029	-0.159	-0.006	-0.051	0.340	0.054	0.202	0.187	0.208	0.246

注1）単位は百万円。
注2）n=159

Presutt 2010) という問題がある。したがって Z 変換等の操作は行わず，回答の数値そのままのデータを用いた一括投入による単純な回帰分析を行う。回帰分析にあたっては，イノベーションを従属変数とした分析と業績を従属変数とした分析とを行う。その判定として，昨今の p 値に対する議論をふまえ，本章で採択する有意水準を p<0.05と設定し，一括投入による分析を行う。

3.4　結　果

この結果が図表8-2および図表8-3である。

回帰分析表からソーシャルキャピタルがイノベーションにも業績にも正の有意な係数を示していることが確認された。イノベーションを従属変数とした回帰分析表では，設定された有意水準をクリアしたのはソーシャルキャピタルと地域リーダーであった。それらは0.001未満の p 値を示した。このうち，ソーシャルキャピタルは正の係数を示したのに対し，地域リーダーは負の係数を示

図表8-2　イノベーションを従属変数とした回帰分析表

	係数	t 値	p 値
社歴	0.002	0.047	0.962
売上高	0.000	0.031	0.975
資本金	0.000	-0.157	0.876
従業員数	-0.303	-1.324	0.188
性別	-0.398	-0.207	0.836
年齢	-0.041	-0.785	0.434
ソーシャルキャピタル	0.790	4.511	<0.001
取引先距離	0.209	0.799	0.425
隣接との親近感	-0.005	-0.016	0.987
地域リーダー	-1.408	-3.713	<0.001
集会参加	0.513	1.216	0.226
R^2	0.230		
Adj. R^2	0.172		

注）n=159

図表8-3　業績を従属変数とした回帰分析表

	係数	t 値	p 値
社歴	0.053	1.891	0.061
売上高	-0.000	-1.592	0.114
資本金	0.000	0.720	0.473
従業員数	-0.022	-0.143	0.887
性別	1.431	1.130	0.260
年齢	-0.051	-1.472	0.143
ソーシャルキャピタル	0.373	3.236	0.001
取引先距離	-0.037	-0.216	0.829
隣接との親近感	0.203	0.936	0.351
地域リーダー	0.144	0.576	0.566
集会参加	-0.071	-0.257	0.797
R^2	0.176		
Adj. R^2	0.115		

注）n=159

した。

　業績を従属変数に設定した回帰分析表では，ソーシャルキャピタルのみが設定された有意水準をクリアした。回帰係数は正であった。両方の回帰分析表でソーシャルキャピタルがそれぞれの従属変数に正の係数を示したため，仮説１および仮説２は支持された。なお，その他の変数からは有意な数値が確認されなかった。

４．考　察

4.1　企業家活動に影響するものとしての地域

　２つの回帰分析から，ソーシャルキャピタルは，イノベーションおよび業績にポジティブに影響することが確認された。この２点からソーシャルキャピタルが企業家に認識できるほどであれば，イノベーションの可能性が高まり，また業績向上にもつながりやすいという点が明らかになった。企業家の持つ地域への愛着や企業家間の関係，企業家の集積が，企業のイノベーションと業績に影響を与える可能性を本章は示した。

　なお，その他の社会的な要因は有意な数値を示していなかった。このことから考えれば，地域における諸要因すべてがその地域社会に所在する企業のイノベーションや業績に影響しえないことになる。そのため，１ヵ所に取引先を集中させることや，隣接する店舗との関係といった社会的要因はかならずしも影響しない。この点からも，地域社会と企業家との関連においては，ソーシャルキャピタルが影響を持つことが明らかとなった。

　この結果から，地域社会の企業家として，企業家が集まり有効な関係が築かれることによって，新しいアイディアや取り組みの発生がなされていくことが想定された。また，取引先や資源へのアプローチが容易となっているのがソーシャルキャピタルの反映するものである。自社のイノベーションや業績に貢献しうる創業する際の地域選定には，次の２点が貢献しうるといえよう。それは，

第 1 に企業家が集まりやすい場所であること，第 2 に彼ら彼女らが良好な関係を持っている地域であること，である。

4.2　地域社会的要因に関するインプリケーション

　スモールビジネスの場合，地域において重要な役職につくと，イノベーションに対してネガティブな影響のある可能性が示された。地域リーダーとなることが必ずしもパフォーマンスに貢献しないことを示した点は，ネットワークの有効性に反する結果であるため注意すべき結果である。これは，事業の成長性が見込まれ地域活動に参加するようになると，そのぶん新しい取り組みができなくなる場合や，自社の事業が新規性を必要としないほど成熟しているため地域の役職に就いている場合，などが想定される。

5．おわりに

　本章の知見は，ソーシャルキャピタルを中心とした地域社会をめぐる議論に，企業家の知覚という新しい観点からそれらの新しい領域の一端を明らかにすることができた。これが企業家ベース，すなわち複数地域からのサンプリングであるため，その意味で社会と企業家との関連を示すひとつの貢献がなされたといってよい。しかし，本調査は次のような限界を有する。

　まず，クロンバックαの値がこの種の調査としては若干低い数値である点に注意が必要である。それは，今回設定した変数がいくつもの要素を含んでおり，単純に「ソーシャルキャピタル」を規定しきれていないことでもある。そのことが本章の限界であるが，それは逆にいえばさらに精密に質問と変数とを設定することで，地域社会のはたす役割がより明確になるということでもある。

　次にバイアスに関する問題である。この種の企業家を対象とした調査に共通する問題として，サバイバルバイアスが除去されていない点にも注意が必要である。企業家関連の調査の場合，サンプリングに関する問題を解決しづらいた

め，今後の調査においては対照群としてすでに廃業した企業家を設定すること
や，定性調査によってこの点を明らかにすることが重要であろう。また，同一
の質問票であるために，コモンメソッドバイアスの除去が行われているとはい
えない。調査票として，業績の変数を設定する際に独立変数の直後におかない
などの設定をしたが十分とはいえない。従属変数となった業績は，あくまで経
営者の認知の枠をでない。地域と企業家との関係として企業家の認知の観点か
ら示したことが特徴であるが，それは認知バイアスがかかるという問題をかか
えることを意味する。これらのことから「業績が良くなったのは場所柄が良か
ったからだ」という逆の因果が現実である可能性もある。

　ただ，この質問の曖昧性から郷土愛のようなかなり漠然としたものがスモー
ルビジネスの活動に関係しているのでないかという可能性が示される。とくに
スモールビジネスの経営を分析するにあたっては，それら小規模な企業が社内
の要因だけでパフォーマンスが左右されるとは考えにくい。したがって，今回
の結果にとどまらず，企業家と地域との関係をより深く分析することで，スモ
ールビジネスの経営をより明らかにすることができる。その際，どういう要因
がどういった企業家にとってよいのかといった新しい視点（Rooks et al. 2016）
も必要だろう。

（小野瀬　拡）

　注
1）2014年1月施行の「産業競争力強化法」は市町村レベルでの創業支援を促進しよ
　うとするものであった。筆者は九州経済産業局より同法に基づく創業支援認定に
　ついて，九州地区における創業支援事業計画認定委員会の委員長を2015年2月ま
　でつとめた。
2）とくに筆者は九州産業大学のあった九州における企業家を研究してきた。その
　当時の九州の企業家の状況は小野瀬（2009；2012；2013）を参照されたい。科学
　的な根拠としてはかけるが，この一連の筆者の経験から，福岡市は企業家を受け
　入れる土壌があった感がある。およそ地域への愛着をもっており，近隣に主たる
　取引先があり，親密なコミュニティをつくっていたことが福岡市の特徴であった。
　福岡市ではあらゆる企業家イベントが行われていたが，それらはすべて会費が無
　料か低額で，だれでも企業家コミュニティに参加できる状況であった。

3) 厳密にいえば，コミュニティやソーシャルキャピタルは，地域に限定されない。ソーシャルキャピタルとして企業内部の人的ネットワークに注目する調査もある（たとえば Prashantham and Dhanaraj 2010）。また近年のボーングローバルの議論は世界にまたがったコミュニティをもとにしてなりたつものである。

4) 従来のクラスターやネットワークの分析でさえ社会的要因が排除されてはいない。ポーターでさえクラスターを単なる結びつきとして理解していない。本章での立場は既存研究を否定するものではなく，ウエイトを変えて説明しようとするものである。

5) 企業家を創造的破壊の担い手としてのみ考えるには限界がある。また，新しい活動をおこなうリスクの担い手としてのみ企業家を捉えるべきではないという点にも留意すべきだろう（小嶌 2014）。また企業家の大企業とのオープン・イノベーションといった事象を考慮することも必要であろう（井上　2014）。

6) 2015年に *Basic and Applied Social Psychology* 誌が p 値の記載のある論文を掲載しない方針を発表したのちに，アメリカ統計学会（American Statistical Association）も p 値使用についての声明を出している。("AMERICAN STATISTICAL ASSOCIATION RELEASES STATEMENT ON STATISTICAL SIGNIFICANCE AND P-VALUES", http://www.amstat.org/asa/files/pdfs/P-ValueStatement.pdf（2016年9月27日閲覧）。ここでは，これまでの慣例に従い5％水準を採択するが，今後の検証のため p 値をそのまま記載する。

参考文献

Audretsch, D. B. and M. Keilbach（2004）"Does Entrepreneurship Capital Matter?" *Entrepreneurship Theory and Practice*, 28 (5): 419-429.

Audretch, D. B. and M. Keilbach（2008）"Entrepreneurship Growth and Restructuring," Casson, M., Yeung, B., Basu, A., and N. Waderson (eds.), *The Oxford Handbook of Entrepreneurship*, second edition, Oxford University Press, New York, 281-310.

Audretsch, D. B., Bönte, W. and M. Keilbach（2008）"Entrepreneurship Capital and Its Impact on Knowledge Diffusion and Economic Performance," *Journal of Business Venturing*, 23 (6): 687-698.

Batjargal, B. and M. Liu（2004）"Entrepreneurs' Access to Private Equity in China: The Role of Social Capital," *Organization Science*, 15 (2): 159-172.

Bourdieu, P.（1986）"The Forms of Capital," Richardson, J. (ed.), *Handbook of Theory and Research for the Sociology of Education*, Greenwood, 241-258.

Cardon, M. S., Stevens, C. E. and D. R. Potter (2011) "Misfortunes or Mistakes? : Cultural Sensemaking of Entrepreneurial Failure," *Journal of Business Venturing*, 26 (1): 79-92.

Crossan, M. M. and M. Apaydin (2010) "A Multi-Dimensional Framework of Organizational Innovation : A Systematic Review of the Literature," *Journal of Management Studies*, 47 (6): 1154-1191.

Estrin, S., Mickiewicz, T. and U. Stephan (2013) "Entrepreneurship, Social Capital, and Institutions: Social and Commercial Entrepreneurship across Nations," *Entrepreneurship Theory and Practice*, 37 (5): 479-504.

Fang, R., Chi, L., Chen, M. and R. A. Baron (2015) "Bringing Political Skill into Social Networks: Findings from a Field Study of Entrepreneurs," *Journal of Management Studies*, 52 (2): 175-212.

Florin, J., Lubatkin, M. and W. Schulze (2003) "A Social Capital Model of High-growth Ventures," *Academy of Management Journal*, 46 (3): 374-384.

Gedajlovic, E., Honig, B., Moore, C. B., Payne, G. T. and M. Wright (2013) "Social Capital and Entrepreneurship : A Schema and Research Agenda," *Entrepreneurship Theory and Practice*, 37 (3): 455-478.

Haynes, K. T., Hitt, M. A. and J. T. Campbell (2015) "Towards a Mid-Range Theory of Hubris and Greed in Entrepreneurial Contexts," *Journal of Management Studies*, 52 (4): 479-505.

Johnson, P. (2004) "Differences in Regional Firm Formation Rates : A Decomposition Analysis," *Entrepreneurship Theory and Practice*, 28 (5): 431-445.

Kacperczyk, A. J. (2013) "Social Influence and Entrepreneurship: The Effect of University Peers on Entrepreneurial Entry," *Organization Science*, 24 (3): 664-683.

Khoury, T. A., Junkunc, M. and D. L. Deeds (2013) "The Social Construction of Legitimacy through Signaling Social Capital : Exploring the Conditional Value of Alliances and Underwriters at IPO," *Entrepreneurship Theory and Practice*, 37 (3): 569-601.

Kreiser, P. M., Patel, P. C. and J. O. Fiet (2013) "The Influence of Changes in Social Capital on Firm-Founding Activities," *Entrepreneurship Theory and Practice*, 37 (3): 539-568.

Lévesque, M. and D. A. Shepherd (2004) "Entrepreneurs' Choice of Entry Strategy in Emerging and Developed Markets," *Journal of Business Venturing*, 19 (1): 29-54.

Light, I. and L.-P. Dana (2013) "Boundaries of Social Capital in Entrepreneurship," *Entrepreneurship Theory and Practice*, 37 (3): 603-624.

McCann, P. (2006) "Regional Development: Clusters and Districts," Casson, M., Yeung, B., Basu A. and N. Wadeson (eds.), *The Oxford Handbook of Entrepreneurship*, Oxford University Press, New York, 651-670.

Mueller, P. (2006) "Entrepreneurship in the Region: Breeding Ground for Nascent Entrepreneurs?" *Small Business Economics*, 27 (1): 41-58.

Nambisan, S. and R. A. Baron (2013) "Entrepreneurship in Innovation Ecosystems: Entrepreneurs' Self-Regulatory Processes and Their Implications for New Venture Success," *Entrepreneurship Theory and Practice*, 37 (5): 1071-1097.

Pirolo, L. and M. Presutt (2010) "The Impact of Social Capital on the Start-ups' Performance Growth," *Journal of Small Business Management*, 48 (2): 197-227.

Porter, M. E. (1998) *On Competition*, Harvard Business School Press, Boston.

Prakash, D., Jain, S. and K. Chauhan (2015) "Entrepreneurial Intensity in Relation to Presence of Entrepreneurship Development Cell: A Study of Institutes Offering Professional Courses in National Capital Region Delhi, India," *The International Journal of Management Education*, 13 (1): 95-105.

Prashantham, S. and C. Dhanaraj (2010) "The Dynamic Influence of Social Capital on the International Growth of New Ventures," *Journal of Management Studies*, 47 (6): 967-994.

Putnam, R. D. (2000) *Bowling Alone: The Collapse and Revival of American Community*, Simon and Schuster. (柴内康文訳, 2008, 『孤独なボウリング：米国コミュニティの崩壊と再生』柏書房)

Robson, P. J. A., Akuetteh, C. K., Westhead, P. and M. Wright (2012) "Innovative Opportunity Pursuit, Human Capital and Business Ownership Experience in an Emerging Region: Evidence from Ghana," *Small Business Economics*, 39 (3): 603-625.

Rogers, M. (2004) "Networks, Firm Size and Innovation," *Small Business Economics*, 22 (2): 141-153.

Rooks, G., Klyver, K. and A. Sserwanga (2014) "The Context of Social Capital : A Comparison of Rural and Urban Entrepreneurs in Uganda," *Entrepreneurship Theory and Practice*, 40 (1): 111-130.

Schumpeter, J. A. (1947) "The Creative Response in Economic History," *The Journal of Economic History*, 7 (2): 149-159.

Seghers, A., Manigart, S. and T. Vanacker (2012) "The Impact of Human and

Social Capital on Entrepreneurs' Knowledge of Finance Alternatives," *Journal of Small Business Management*, 50（1）: 63-86.

Terjesen, S. A., Acs, Z. J. and D. B. Audretsch（2010）"International Business, Entrepreneurship and the Global Economy," Acs, Z. J. and D. B. Audretsch (eds.), *Handbook of Entrepreneurship Research*, Springer, New York, 431-456.

Venkataraman, S.（2004）"Regional Transformation through Technological Entrepreneurship," *Journal of Business Venturing*, 19（1）: 153-167.

Westlund, H. and R. Bolton（2003）"Local Social Capital and Entrepreneurship," *Small Business Economics*, 21：77-113.

Zacharakis, A. L., Shepherd, D. A. and J. E. Coombs（2003）"The Development of Venture-capital-backed Internet Companies: An Ecosystem Perspective," *Journal of Business Venturing*, 18（2）: 217-231.

井上善海（2014）「経営環境の変容と戦略マネジメント」井上善海・木村弘・瀬戸正則編，大杉奉代・森宗一・遠藤真紀・山本公平・中井透『中小企業経営入門』中央経済社，68-81.

小野瀬拡（2009）「九州地域におけるベンチャー企業存立の要因」『産業経営研究所報』第41号，九州産業大学産業経営研究所：19-32

小野瀬拡（2012）「福岡の企業家活動キャピタル」『経営学論集』第22巻，第3号，九州産業大学経営学会：105-116

小野瀬拡（2013）「福岡県の企業と企業家活動—ニュービジネスの新たな展開—」黄完晟・安髙優司編『九州産業大学産業経営研究所研究叢書1　福岡県の地域経済と企業活動』九州大学出版会：141-162

九州経済産業局地域経済部新産業戦略課（2013）『創業支援の見える化』九州経済産業局地域経済部新産業戦略課

粂野博行（2005）「中小企業の『ネットワーキング』」湖中齊・前田啓一・粂野博行編『多様化する中小企業ネットワーク』ナカニシヤ出版，29-48.

小嶌正稔（2014）『スモールビジネス経営論』同友館

咲川孝（1998）『組織文化とイノベーション』千倉書房

西澤昭夫（2012）「地域エコシステム構築の現状と課題」『ハイテク産業を創る地域エコシステム』有斐閣，63-114

第9章
企業者行動による「衰退」産業の再生
―台湾自転車・部品メーカーの挑戦―

1. はじめに

　本章の目的は台湾の自転車産業，すなわち完成車メーカーと部品メーカーが21世紀に入り，何に挑戦し，どのような成果を上げてきたのかについて再考することにある。主題は衰退産業の再生であるが，読者のなかには，台湾の自転車産業の「衰退」の意味を図りかねる向きがあるかもしれない。それもそのはずで，台湾はハイエンド自転車の世界的な生産地であり，世界市場への輸出拠点になっている。世界的な自転車レースでも，台湾メーカーのブランドを冠した自転車と自転車部品が優秀な成績を収めている。また，自転車を単なる個人の移動手段に留めず，健康増進に資する機器として，啓蒙活動が展開されている。さらに，大都会の移動手段として，レンタルサイクルシステムを展開する（U-Bike）[1] など，自転車文化の世界的な発信地としても知られる。毎年春に台北で開催される台湾国際サイクルショーは世界最大の展示会でもある。

　ではなぜ「衰退」なのか。詳しくは次節以降に譲るが，世紀の変わり目前後の台湾は汎用自転車の生産地としての地位をいよいよ中国大陸に奪われることが確実な状況にあった。そのまま，台湾メーカーが自社の戦略を優先して，中国大陸に生産拠点を移し，中国事業を強化することで自社事業の存続を図ることは理に適う選択であった。しかし，その帰結は台湾が自転車産業の中心地ではなくなることを意味していた。かつて，日本の自転車産業がたどった道そのものである。

　こうした環境下，台湾の完成車メーカーと部品メーカーはどのような意思決定を行い，どのような取り組みを始めたのか。そして，自転車産業の維持に留

まることなく，異なる次元への移行が可能になり，台湾を世界の自転車文化の中心地にできたのかを考える。結論を先取りするならば，いくつか考えられる要因のなかでも，A-Team（社団法人台湾自行車協進会）と呼ばれる業界を挙げた生産性向上活動とその延長線上の各社の組織能力の蓄積，それと東アジアにおける垂直的な生産分業体制の構築の2点に注目する。この検討過程で企業者行動の意味とその重要性について考えてみたい。

　第2節では，筆者が進めている研究課題に触れ，本章の研究テーマとの関連を示す。そして，台湾の自転車産業の概要と先行研究の成果および課題を明示する。第3節は筆者が聞き取り調査を実施した主要プレーヤーの事業概要を確認する。第4節では，調査を通して明らかになった「衰退」産業復活の要因について新たな論点を提示する。最後に，議論を集約しつつ，企業者行動の本質は何かについて考える。時期は異なるものの同様の環境のなか，日本と台湾の自転車メーカーが下した意思決定と経営行動を比較することで，合理的な意思決定の功罪について議論してみたい。

2．本研究の位置づけとアウトライン

2.1　研究テーマ

　近年の筆者の研究テーマは比較劣位優良企業研究である。図表9-1を参照さ

図表9-1　比較劣位優良企業研究

	競争力の低い企業	競争力の高い企業	
競争力の高い ビジネス立地	第Ⅰ象限 Cタイプ（比較優位による存続）	第Ⅳ象限 Aタイプ	B+タイプ（競争優位企業がクラスターを形成）
競争力の低い ビジネス立地	第Ⅱ象限 Dタイプ	第Ⅲ象限	Bタイプ（競争優位による単独存続）

注）Rugman（1981）所収の FSA/CSA フレームワークを参考に筆者が大幅に加筆・修正した。

れたい。企業はビジネス立地が提供する立地資産を活用して，事業活動を展開する。熟練度に比べ安価な賃金は当該立地で生産活動に従事する労働集約産業の会社に競争力をもたらす。国内市場の規模が大きく，海外企業の参入が制約される産業では，本国企業であること自体が強みになる。第Ⅰ象限のＣタイプのように，競争力の高い立地では，競争力の低い会社でも比較優位を享受することができる。

　他方，第Ⅲ象限のＢタイプは，低コスト生産が可能な比較優位を無条件にもたらすことのない立地に位置する競争力の高い企業である。例外的企業といえるかもしれない。そのような会社がいかにして比較優位ではなく，自らの戦略立案・組織能力によって競争優位を獲得しているのか。そうした検討の過程で，事業経営とは何かという本質に迫りたいと考えている。

　そのため，ＡタイプとＤタイプは筆者の関心の対象外となる。Ａタイプは比較優位によって競争力を得ているだけで，Ｄタイプは環境任せの自立できない会社となる。ただし，B+タイプは，比較劣位の立地で自ら競争優位を手に入れた成功企業が複数誕生することで，結果的に競争力の高いクラスターが形成されるような場合である。考えてみれば，日本の自動車産業はその典型である。また，米国の航空機産業，ドイツの化学産業についても，もともとは比較優位が競争力の源泉であったかもしれないが，現在では各社の競争優位とその集積が高い競争力を生み出している。Ｂタイプに加え，B+タイプの進化プロセスを検討することで，組織間関係とクラスター形成に射程を広げ，事業経営を動的に捉えることができる。

　台湾の自転車産業のこれまでの歩みは，世紀の変わり目前後に，Ｃタイプであった1980年から90年代にかけての比較優位を失い，いよいよ競争力を喪失する瀬戸際に来ていた。しかし，21世紀に入り，主要プレーヤーが協力しながらＢタイプを目指す活動を行い，その結果，B+タイプの自転車産業クラスターの形成につながった。同産業のＣタイプからＢタイプ，B+タイプへの移行過程に関する事例研究を行うのは，こうした背景によるものである。

138

2.2　台湾自転車産業と A-Team 結成

　発展途上国の経済発展は通常，軽工業から始まる。台湾の自転車産業は1960年代の輸入代替から1970年代に入ると米国への OEM 製品の輸出によって急拡大した（張　2009：68-74）。米国の自転車ブームと主要輸出国であった日本企業が円高によって競争力を喪失することで，台湾からの輸出が急拡大し，1972年に100万台を超えた。1980年には輸出台数が300万台を超え，日本に代わり世界最大の自転車輸出国になった。1980年代後半から1990年代前半にかけては，年間800万台から1,000万台を超える輸出大国であった。

　1980年代は，政府機関の協力を得て，完成車メーカーはカーボンフレームを開発し，部品メーカーもアルミ合金の溶接技術を習得していった。マーケティング面でも，自社ブランドの開発に努め，OEM（Original Equipment Manufacturing）に留まらず，ODM（Original Design Manufacturing）を経て OBM（Original Brand Manufacturing）として独自のマーケティングを目指すようになった。[2] ただ，こうした技術面，マーケティング面の努力が実を結ぶのは21世紀に入ってからである。

　1990年代に入ると，中国と台湾は関係修復に向かい，大陸の労働集約産業の

図表9-2　台湾の完成車輸出推移

年	輸出台数（千台）	平均輸出額（US$）
1996-2000平均	8,638	100
2001	4,796	112
2005	4,595	200
2010	5,070	296
2011	4,376	380
2012	4,328	417
2013	3,827	451
2014	3,752	459
2015	3,995	474
2016年8月累計	2,046	473

出所）臺灣經濟部國貿局（各年）『出口・進口國家統計』

生産地としての優位性が顕著になり，台湾の自転車会社が生産進出するように
なった。まずは，Merida 社（美利達）や KMC 社（桂盟）などが深圳などの華
南地区へ，次いで Giant 社（巨人機械工業）などが上海周辺の華東地区に生産
拠点を設置するようになった。大陸への生産進出は相次ぎ，自転車産業の３分
の２に相当する200社から300社に達した。

　大陸への生産シフトが進んでも，台湾の自転車輸出は，2000年までは800-
900万台を維持していた（図表9-2）。しかし，21世紀に入ると輸出台数は急減し，
わずかな期間でほぼ半減してしまった。台湾の空洞化が進んだのは，そもそも
台湾メーカーの大陸への生産移転によるものである。1990年代を通じて，台湾
メーカー同士が中国で低コスト生産にしのぎを削り，後半に入ると中国メーカ
ーとの競争も激しさを増すようになった。また，台北で毎年開催される自転車
展示会も，この頃になると出展者が減少し，来客者も急減した。台湾は自転車
産業の中心地としての地位が危ぶまれるようになった。まさにかつての日本の
自転車産業と二重写しであった。

　こうした状況に強い危機感を抱いたのが Giant 社の劉金標会長であり，
Merida 社の曾崧柱会長の協力を得て，業界を挙げて台湾自転車産業の地位回
復を目指すことになった。A-Team の誕生である。完成車メーカー２社に加え，
部品メーカー11社が参加して2003年に法人化された。その後，会員は増え，
最終的には一般会員21社と海外メーカーなどの賛助会員７社によってさまざま
な活動が展開された。A-Team の目的は，台湾の自転車産業の空洞化を回避し，
世界レベルに引き上げることに尽きる。そのための施策は，会員各社が量販店
ではなく，自転車専門店（IBD：Independent Bicycle Dealers）経由で販売する
ハイエンドの自転車に注力することであった。会員各社が高機能かつ高付加価
値の製品を開発し，生産し，販売できる実力を身につけ，差別化を図ることが
目的であった。

　A-Team への入会条件は，台湾の自転車産業の主要プレーヤーであること，
台湾に研究開発や生産工場を保持していること，それに他のメンバーと協力し

て A-Team の活動に取り組むという３点である。なかんずく，筆者は生産機能を一方的に中国大陸に移転するのではなく，主要機能を台湾で維持することが条件になっている点に注目する。

A-Team の主な施策は，外部講師を招き，３Ｔすなわち，TPS（Toyota production system），TQM（Total quality management），TPM（Total productive maintenance）を学び，会員企業間で相互に工場見学を実施し，各社の生産性と製品品質の向上を図ることであった。TPS は具体的には在庫ゼロを目指す JIT（Just-in-time）のための取り組みである。TQM は製品の品質を検査工程ではなく生産ラインで作りこむことと，その他すべての仕事の品質保証である。TPM はこれらを実現するために，予防保全と生産保全を徹底させる活動である。

３Ｔ活動のメンターは國瑞汽車（トヨタの在台関連会社）と慧國（アイシン精機の在台関連会社）の幹部であった。政府系の中衛発展中心も全面的に協力する形で実行された。トヨタグループの３Ｔの伝道師が A-Team 各社の工場を訪問，指導し，他の A-Team メンバーも相互に学習する。日本を含む国内外の優良工場を見学し，３Ｔの本質を学ぶ。会員各社は，それらを受け，自社工場での生産性向上活動につなげた。A-Team 活動の出発点は１－１－10，すなわち１日１回の配送，10日目の新製品の立ち上げであり，それを確実にこなすことであった。

同時に，A-Team として共同で新技術を開発し，IBD チャネル用の高級自転車の上市につなげる意図もあった。また，世界の中で「台湾の自転車産業」の地位を向上させるため，A-Team として国内外で情報発信を行った。加えて，スポーツや健康づくりを目的とする自転車文化を育成し，発展させるため，国内外でさまざまなイベントを企画，運営した[5]。A-Team については，これまでもしばしば報告されてきたが，そのエッセンスは上述の通りであった。

A-Team 活動の成果は顕著で，会員各社への３Ｔの浸透，台湾の空洞化回避，「サイクルアイランド台湾」の実現，そして国内のみならず，世界的なプレゼンスを確立することもできた。それは台湾の輸出統計に表れている。輸出台数

はかつての800万台あるいはピークの1,000万台というわけにはいかないが，2005年以降も400万台を維持する一方で，平均輸出価格は大きく伸びている（図表9-2）。2000年前後の約100米ドル，2005年の200米ドル，2010年の約300米ドル，そして2015年は470米ドルを超えるレベルになった。台湾は，もはやかつてのような汎用自転車の輸出拠点ではなく，ハイエンド自転車の生産立地になった。台湾の自転車産業の構造転換を可能にしたのが，A-Team結成とその活動であった。

2.3　先行研究の成果と限界

　A-Team結成の背景，目的，活動内容，それに成果は，さまざまな形で報告されている。ひとつは業界誌である。なかでも，サイクルプレス社の特集号はA-Team各社の協力を得て，5年間の歩みを詳しく報告している（Cycle Press 2008）。研究者もいくつかの切り口からA-Teamを紹介している。たとえば，3Tの活動を通して，A-Team各社がどのようにして，コスト削減，リードタイムの短縮，不良品の減少，資源の有効活用，継続的なカイゼンを実現したか，あるいは競争力のある高品質製品の開発，生産，販売のために協力したかを分析した研究成果がある（Wei 2012）。台湾中部の産業クラスターとして，A-Teamの形成と発展を分析した研究成果もある（魏　2013）。このほかにも，台湾メーカーが安値攻勢の中国メーカーに対抗するなかで，A-Teamを結成し，各社の協力を背景とするイノベーションにつなげたとする分析もなされた（Brookfield, Liu and MacDuffie 2008：14-19）。このように，台湾の自転車産業の進化とA-Teamに関する研究は一定程度進んでおり，全体像を把握することができる。

　しかし，その一方で先行する調査研究には不明瞭な点，今後の課題として指摘できる点も見受けられる。まず，ひとつはA-Teamとして，共同かつ協力して推進した3Tの学習成果を各社はどのように生産性向上につなげたのかについては必ずしも明らかではない。2つはA-Teamとして新技術，新製品の

開発に取り組んだというが，その具体的な成果は明確ではない。3つは，A-Teamの取り組みが生産効率の高度化につながることはわかるが，付加価値の高い高級自転車へのシフトが急速に進んだ背景は何か，その実態については触れられていない。4つは2000年代の最初の10年の活動と成果については報告されているが，2010年以降についての報告は少ない。その後のA-Teamの活動と成果，各社の動向，業界の動きをフォローする必要がある。これらの論点については第3節で詳しく議論する。

　これらの先行研究の限界を解消すべく，数回に亘るフィールド調査を実施した。2014年15年に実施した完成車メーカーのGiant社とMerida社および部品メーカーのSRAM社，SR Suntour社，KMC社での調査に基づいて，筆者の問題意識と研究課題に沿って，先行研究を補完しつつ検討する。

3．主要プレーヤーのプロフィール

　世界の自転車生産は年間で約1.1億台強となっている。[6] このうち，約4分の3が中国大陸での生産，台湾は3.6％であるから約400万台である。ちなみに，日本は0.8％で約90万台となる。

　2015年のGiant社とMerida社の生産台数はそれぞれ550万台と208万台で世界の2強となっている。両社の生産は台湾のみならず，中国大陸その他での完

図表9-3　主要プレーヤー概要

社　名	英語社名 （主要ブランド）	売上高 （億元）	年　度	主な生産品目
巨大機械工業	Giant	604	2015	完成車（OEM,自社ブランド）
美利達工業	Merida	281	2015	完成車（OEM,自社ブランド）
愛爾蘭商速聯	SRAM	170	2014	フレームとタイヤ以外の部品
桂盟企業	KMC	66	2014	チェーン
栄輪科技	SR Suntour	65	2014	サスペンションフォーク

注）2015年末のレートは，約@J.Yen 3.6/NT$であった。
出所）各社の発表および聞き取り調査の聴取に基づく。

成車生産を含んでいる。また，後述のとおり，OBM として自社ブランドの生産，販売も行っているが，外国メーカーの OEM，ODM としての生産比率も高い。両社は A-Team のリーダー企業であり，同構想を立ち上げ，その後の活動をけん引してきた。これまでは Giant 社が自転車産業のリーダーであり，Merida 社は挑戦者という位置づけであった。しかし，図表9-4のとおり，Giant 社は，事業規模は Merida 社の2倍以上であるが，売上高はかつての3倍から2倍へと縮小し，売上利益率においては Merida 社の優位が継続している。Giant 社が A-Team の活動から漸次手を引き，新たに自社を中心とする部品メーカーとのネットワーク（G Star Alliance）構築に動いた背景には，両社間のバランスが崩れつつあるからなのかもしれない。

A-Team の加盟会社のなかには，タイヤメーカーの建大工業（Kenda）や正新橡膠工業（Cheng Shin）のようなに，売上高，従業員数ともに2大完成車メーカーに匹敵する会社もある。しかし，両社は自動車，自動2輪車のタイヤ生

図表9-4　2大完成車メーカー業績推移

	Giant		Merida	
	売上高 （億台湾元）	税引後利益率 （％）	売上高 （億台湾元）	税引後利益率 （％）
2005	266	4.6	79.6	7.8
2006	270	3.7	87.4	8.4
2007	331	5.5	128	10.6
2008	415	6.1	156	7.9
2009	390	6.2	153	7.4
2010	442	5.9	168	7.4
2011	474	6.4	202	9.0
2012	540	5.5	244	9.5
2013	544	6.3	253	11.5
2014	600	6.8	272	12.5
2015	604	6.4	281	10.8

注）2015年の生産台数，Giant は550万台，Merida は208万台。
出所）両社の財務諸表。

産も手掛けており，自転車部品メーカーとしての重要性がそれほど高いわけではない。そのため，事業規模はさておき，自転車産業の主要プレーヤーとして取り上げてはいない。

　SRAM 社の特徴は，フレームとタイヤを除くほとんどすべての自転車部品を手掛けているところにある。他の部品メーカーも自社技術を活かし，主要部品以外の開発を進めるが，実際は主要部品の比重が高く，他の部品は補完的な規模に留まるケースがほとんどである。また，同社のトップは米国人で，本社も米国シカゴにあり，台湾企業といえるのかと疑問に思うかもしれない。しかし，米国人トップによる起業は1980年代の台湾であったし，今でも主要生産拠点は台湾の台中地区である（台湾の生産比率は８割）。A-Team の発足メンバーに選ばれたのもそうした理由からである。

　KMC 社は台南地区に位置するチェーン専業メーカーである。世界の自転車チェーン市場の過半のシェアを保持している。呉盈進会長が A-Team の３代目の代表を務めるなど，台湾の自転車産業を代表する会社のひとつである。また，A-Team 発足時には，中国大陸への生産シフトが完了し，台湾には生産工場がなくなっていたが，加盟条件に照らし，台湾でのチェーン生産を再開した。

　SR Suntour 社は日本人所有，日本人経営の台湾企業である。[7]1980年代後半，他の日本企業と同様に，日本本社に開発機能を維持する一方で，生産は全面的に台湾に移管した。しかしながら，日本の自転車産業の衰退，主要顧客の台湾メーカーとの連携強化を目的に，1995年には日本本社を閉鎖し，本社機能と日本に残した開発機能もすべて台湾子会社に移転した。主要株主と経営者，主要ポジションのマネジャーは，今でも日本人によって占められているが，名実ともに台湾企業となり，A-Team の発足メンバーになった。主要製品はマウンテンバイクのサスペンションフォークであり，中国大陸にも生産拠点を２カ所保有する。

　最後に，日本メーカーについて若干触れる。かつて世界最大の自転車生産国であった日本の自転車産業は今や見る影もない。完成車メーカーとして，フル

ライン生産を継続するのはブリヂストンサイクルのみである。しかし，2015年は売上高こそ443億円であったが，営業赤字に陥った[8]。1980年代にラバーチェーンを開発するなど，技術で業界をリードする可能性もあったが，台湾メーカーへの生産委託，中国大陸への生産移転によって，技術を磨くことができず，高級自転車メーカーへの脱皮もままならなかった。

　他方，ギアやブレーキなどの中核部品メーカーであるシマノは，世界最大の高級自転車用中核部品メーカーに成長した。2015年の売上高は3,786億円（うち自転車部品は3,140億円），純利益761億円となっている[9]。部品間の互換性が高いモジュラータイプの典型的な製品である自転車において，同社の中核部品は事実上の標準ともいわれる。自転車の付加価値を決定づけるのが，装着される同社製品のグレードであるともいわれる。パソコンにおけるインテルのCPUやマイクロソフトのウィンドウズのような地位を占めているのである。

4．新たな論点の提示[10]

4.1　A-Team 活動と各社の生産性向上活動

　2003年に始まる A-Team の活動と，その後の各社の取り組みと成果を理解するために，2000年以前の台湾の自転車関連会社の実力がどの程度であったかを押さえておくことは有意義かもしれない。1980年代に世界の流行となった日本的経営とその中核となる生産技術に台湾企業が無頓着であったわけではない。1990年代に Merida 社と SRAM 社は独自にリーン生産を目指し，JIT の実現を図ったが，両社ともあえなく失敗してしまった。SR Suntour 社が台湾に本格参入した1990年前後の段階では，台湾にも金属加工の会社はあったが，一定の精度を担保できるのは強度の低い素材に限られるなど，品質レベルは低かった。台湾の自転車は1990年代を通じて世界第 1 位の輸出国であったが，単価は100米ドル以下の廉価自転車であったし，品質も価格相応のものであった。

　A-Team の生産性向上活動については既に述べたが，初期の成果はどのよう

図表9-5　A-Team 初期（2003-08年）の成果（%）

	Giant 社	Merida 社	SRAM 社	SR Suntour 社	KMC 社
在庫削減	15	20	25	50	26
不良品削減	10	10	4	50	21
全体効率性向上	20	20	10	30	33
納期短縮	n.a.	40	23	15	22

注）各社の回答は口頭ベースと思われる。
出所）Cycle Press（2008）

なものであったか。2008年出版の『Cycle Press』誌の特集号に，各社への聞き取り調査に基づく，カイゼンの成果が報告されている。図表9-5を参照されたい。最初の5年間の成果として，各社は在庫削減，不良品削減では10%から50%のカイゼンが実現したと報告している。全体の生産効率も10%から33%向上し，納期も15%から40%短縮できたとの回答が示されている。これらの数値は口頭ベースであり，数値の根拠が明確ではないし，数値自体も概数と思われる。ただ，各社ともに，初期のA-Team活動によって，生産性が格段に向上したことは間違いない。問題は，A-Team全体の活動を受け，その後，おのおのの会社でどのような成果が生まれたかである。

　まずは，完成車メーカーから見ていこう。Giant 社も Merida 社も2010年以降になると，台湾での混流生産が可能となった。混流生産は生産の平準化を図るうえで欠かせないが，生産ラインの熟練が一定レベル以上にならないとうまくいかない。実際，両社の中国工場では，混流生産は実現していない。日本メーカーなども混流生産は容易ではないといわれる。また，Merida 社は2003年の1－1-10（1日1回の配送，新製品は10日で納入）からスタートし，2015年段階では1－1-8が定着し，新製品を8日ではなく，6日あるいは7日で納入できる部品メーカーを優先的に起用している。TQM，TPM活動も定着し，1級メンテナンス（作業者が日常的に実施），2級メンテナンス（週1回作業者と技能者が実施），3級メンテナンス（月1回技能者と技術者が実施）ごとの取り組みが実現した。誰が，どこで，何を行うかということが明らかになり，なかでも

作業者が保全に直接関与し，責任を負えるようになった。

　SRAM 社も 1 - 1 -10からのスタートであったが，現在では 1 日 2 回の配送が可能となった。同社はウェッブ上で，完成車メーカー，部品メーカー，そして外注先が各社の生産状況と在庫状況を共有する仕組みを完成させ，納期管理は確実性が増した。新製品の開発・量産化は LPD（Lean Product Development）プロジェクトとして推進し，新製品のコンセプトの確定から設計，金型製造，新製品の試作，そして量産までの期間を大幅に短縮することができた。同社の新製品開発は，現在では Giant 社向けの新製品開発が10日から 6 日に，Merida 社向けは 8 日に短縮できた。

　SR Suntour 社も A-Team の生産性向上活動に参加し，自社での取り組みにつなげ，生産効率の向上と高付加価値製品の生産を実現した。まずは，ベルトコンベア式の組立ラインを解体し，セル生産方式を全面的に採用し，柔軟な生産が可能になった。また，サイクルタイムの同期化とタクトタイムが異なる複数の製品の生産を最適化し，生産の平準化が実現した。製品在庫も大幅な削減が可能となり，現在は最大 3 日となっている。仕掛在庫は 2 カ月だったものを半月に削減することを目標としているが，現在は 1 カ月弱で，さらなる圧縮を目指している。このようにして，台湾の本社工場は，10年で直接人員を半減したにもかかわらず，生産量は変わらず売上高は 2 倍となり，付加価値生産性は 4 倍になった。営業面でも，売上高に対する延滞債権の比率が10％から0.2％に減少し，効率的な経営が可能となった。

　KMC 社も労働生産性は継続的に向上している。2012年は前年比25％，翌年は大きな伸びはないが同 3 ％の改善となった。

　このように，会員各社は，A-Team での学習を基礎として，自社に持ち帰り，継続的な生産効率向上に取り組んだ。そして，着実に結果に結びつけている。なお，Giant 社が主導する G Star Alliance ではさらなる短納期を要求しているようである。A-Team の部品メーカーの多くは G Star にも参加しており，個別の取り組みによって，納期短縮を図ることになる。

4.2　A-Team としての新技術，新製品の開発

　新技術，新製品の共同開発は，当初より A-Team の設立の目的のひとつであった。いくつかの先行研究は A-Team の活動のひとつとして紹介はするものの，具体的な共同開発の成果は示されていない。各社は A-Team に参加し，さまざまな取り組みを共同で実施しているものの，市場では相互にサプライヤー・バイヤーの関係であったり，競合関係にあったりする。新技術，新製品の開発についての情報は入手が困難だが，証拠なしに A-Team としての共同開発を議論することはできない。実際，Wei（2012）は A-Team としての新技術，新製品の共同開発は進んでいないと述べている。

　筆者の調査でも，A-Team として共同で新技術や新製品を開発した事実はないとの回答が複数寄せられた。完成車メーカーと部品メーカーが，A-Team としてではなく，個別に共同研究を行い，新たな製品を開発することはあるという。しかし，現実にはそうした共同研究もそれほど多くはない。SRAM 社によれば，新技術，新製品の開発は自社内が95％で，残りの5％程度が完成車メーカーからの要請に基づいて行う共同研究であるという。

　このように新技術と新製品の開発は個別企業ごとが基本である，毎年，部品メーカーは完成車メーカーに新製品を提案し，採用されれば，次年度の新モデルに搭載される。完成車メーカーも同様で，新製品を開発し，毎年，新製品を市場投入しているのである。

4.3　高付加価値自転車へのシフト

　Giant 社と Merida 社は早くから新素材によるフレーム開発を進めてきた。Giant 社は1980年代後半にカーボンフレームを開発し，商品化に成功した。Merida 社は1990年代後半に世界初のアルミ合金フレーム TIG 溶接技術を確立し，レース用自転車にマグネシウム合金を用いるなど（渡辺・駒形・周　2009：255-257），新素材の加工技術の開発にも貪欲であった。[11]

　Merida 社はドイツに設計子会社を設置した。新製品のコンセプトを開発し，

新製品の設計を本社に提案し，新製品の上市につなげている。カーボンフレームの新製品の開発は炭素繊維メーカーとの共同研究によって進め，アルミ合金のフレームは自社で独自に開発し，商品化している。2015年現在，台湾で組み立てる完成車は年間115万台で平均単価は600米ドル（FOB），中国大陸の工場で組み立てる完成車は130万台で平均単価は220米ドルとなっている。フレームの生産は基本的にそれぞれの工場で行うが，中国製フレームの一部を台湾に輸入し，組み立てる製品がある。国・地域ごと，工場ごとの生産分業が明確で，台湾に高付加価値製品の開発と生産を集中させていることが，Merida 社をはじめとする台湾メーカーの特徴となっている。

　部品メーカーも高品質製品の生産を可能にする取り組み，新素材の活用と新機能の付加，ハイエンドブランドの活用と開発，新製品開発など，高付加価値部品の上市に余念がない。SRAM 社は半導体や食品生産のように，クリーンルームを設置し，製品の品質維持を図っている。SR Suntour 社はマグネシウム合金製のサスペンションフォークを，台中の本社工場で生産するが，従来のアルミ製に比べると価格は 2 倍となる。ちなみに，アルミ製のサスペンションフォークは中国工場で生産している。KMC 社も，新技術を用いた軽量チェーンを開発したり，色付きのカラーチェーンを上市したりしている。カラーチェーンは完成車メーカー向けではなく，もっぱら B2C で補修用として販売している。ボリュームは少ないが，B2C ビジネスの製品単価は格段に高くなる。また，同社の自転車用チェーンはドイツの複数のデザイン賞（iF Award と Red/dot design award）を連続受賞しており，高付加価値化に寄与している。

　エレクトロニクスなど，台湾の主要産業・企業の特徴は能力を徐々に蓄積し，OEM から ODM へ，そして OBM へと進化し，世界的なプレーヤーになるという成長パターンがよく知られている。自転車も例外ではない。完成車メーカーも当初はコスト競争力を武器に欧米そして日本のメーカーの OEM として出発し，設計を自ら手掛けるようになり，その後自社ブランドを立ち上げた。Giant 社は自社ブランド品に力を入れるが，今でも主に TREK 社向けに全体の

3割はOEM納入している。Merida社のOEMは主にSpecialized社向けで全体の4割を占める。両社とも自社ブランドを優先する姿勢に変わりはないし，ブランド認知度も向上している。OEMを維持する理由は，世界の自転車産業の最先端の動きに敏感でありたいとの考えからである。現実的な要因としては，生産量，売上高を維持したいとの思惑も両者共通である。他方，近年の部品メーカーのブランド戦略には目を見張るものがある。SRAM社は，欧米の部品メーカーを次々と傘下に収めている。サスペンションフォークのRock Shok社，ブレーキのAvid社，クランクセットなどのTruvativ社，ホイールのZipp社，サイクルコンピュータのQuarq社，ディレーラ，ブレーキのSacks社である。また，SR Suntour社は同社主力のサスペンションフォークで，新たにDVOブランドを立ち上げた。米国に100%子会社を設置し，設計も別建てを行うとともに，マーケティング人材もスカウトし，ハイエンドの需要を取り込む計画である。このように，完成車メーカー，部品メーカーともに，製品の高度化と並行して，高付加価値製品としての地位を確保するため，ブランド戦略にも力を入れているのである。

4.4 2010年以降の新たな動き

A-Teamの第3代会長で，KMC社の呉盈進会長によれば，世界の自転車の需要は毎年1億2千万台程度でほとんど変わらないが，通勤通学などの実用車（軽快車という）からスポーツ車へのシフトが起きているという。中国の需要は2,500万台前後であり，かつては100%軽快車であったが，現在は軽快車が1,500万台で，複数ギアのスポーツ仕様が1,000万台になっているという。確かに，日本，韓国，台湾はもちろんのこと，その他アジアの新興国，たとえば，フィリピン，ベトナムなどでも，休日にスポーツ車が道路を疾走する光景は日常的になっている。世界的な環境意識の高まりと健康志向の強まりが，実用目的ではなく，スポーツ仕様の自転車の需要を掘り起こしている。21世紀に入り新興市場の経済発展が続き，余暇にレジャー目的で自転車に乗ることのできる中間

層が急拡大した点を見逃すことはできない。21世紀以降のこうした動きと，台湾の自転車関連メーカーの取り組みがうまく合致したことが，台湾の自転車産業の成功につながった。

　2003年に始まったA-Teamの取り組みは，台湾の完成車・部品メーカーに進化という言葉が相応しい，大きな変化をもたらした。もはや，台湾の自転車は比較優位によって汎用自転車を安価で供給する拠点ではなく，高級自転車生産の中心地になった。しかし，2010年以降になると，A-Teamメンバー間の相互学習の意義が徐々に薄れ，相対的に自転車の振興と自転車産業の中心地としての台湾を世界に売り込む，広報機能の重要性が増していった。A-Teamの生みの親であり，中心メンバーのGiant社はA-Teamから少しずつ距離を置くようになっていった。そして，新たにG Star Allianceを立ち上げ，主要部品メーカーの取り込みを図った。

　Giant社の意図は日本の自動車産業の系列取引のように，同社を頂点とするサプライチェインを構築し，部品メーカーの囲い込みを目指すものと思われる。中小の部品メーカーであれば，Giant社を優先し，場合によっては専属になってもよいと考えるかもしれない。しかし，A-Teamの部品メーカーはGiant社と取引があっても，Merida社その他との取引の比率も高い，大手である。特定の完成車メーカーに偏りすぎることは避けたいというのが本音と思われる。かつてのA-Teamのように，Giant社は生産性向上に向けた共同の取り組みを始め，厳しい納期管理を要求し，要求水準を達成できる部品メーカーを優先する姿勢を見せている。台湾の自転車産業は，2大完成車メーカー間の競争意識が強まり，大きな成果を上げたA-Teamは実質的な解散となった（東洋経済新報社　2016）。協調から競争へと台湾の自転車産業は大きく変わろうとしている。

　最後に，台湾の完成車，部品メーカーの取引関係を簡単に示しておきたい。完成車メーカーは主要な部品メーカー各社から，図表9-6のように，部品を調達している。系列化された取引関係にはない。完成車メーカーの取引先部品メーカーは平均60社程度といわれ，部品メーカーの納入先完成車メーカーは平均

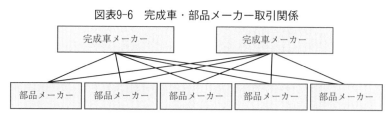

図表9-6　完成車・部品メーカー取引関係

出所）張（2009）を参考に筆者作成。

20社程度といわれる（張　2009：81）。Giant 社は最大の完成車メーカーであるが，
SRAM 社や SR Suntour 社の売り上げに占める比率は10% 程度といわれる。完
成車メーカーと部品メーカーの関係がどのような方向に進もうとしているのか，
注視したい。

4.5　東アジアに広がる自転車産業クラスター

　台湾の自転車産業の復活は，A-Team による生産性向上活動が基礎になって
いる。そして，台湾が高級自転車の生産地になったのは，各社の製品品質の向
上に向けた取り組みと東アジアにおける生産分業が明確かつ急速に進んだから
である。本節の最後に，生産分業の現状を，筆者の聞き取り調査と各種統計に
基づき，整理してみよう。

　図表9-7を参照されたい。世界最大の自転車生産国の中国は，欧米，アジア
向けに，2015年上半期に約2,700万台を輸出するが，平均単価は61-70米ドルで
ある。一方，台湾の EU への輸出は年間220万台で平均単価は349米ドル，北米
へは83万台余りで平均700米ドル，日本へも26万台余りで平均415米ドルとなっ
ている。中国大陸での生産と輸出の一部は台湾メーカーによるものである。台
湾と中国は，同じ自転車生産，輸出国といっても異なる市場セグメントを標的
にしていることは明らかである。台湾メーカーは A-Team の結成以降，明確
な意思と戦略によって，台中間の生産分業を主導してきたといえる。

　2015年の台湾からの自転車部品の輸出は，図表9-8のように，全体で10億米

図表9-7　完成車輸出入（2015）

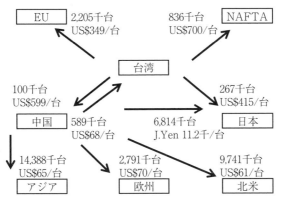

注）中国からアジア，欧州，北米への輸出は上期のみ。
出所）台湾，中国，日本輸出入統計（2015）

ドル強，そのうち，ブレーキ，ギアクランク，変速器の主要部品は1.7億米ド
ルを占めるに過ぎない。輸出入統計上，フレームとフォークは一体計上されて
おり，その内訳は不明であるが，フレームが大宗を占めるものと思われる。欧
米に輸出されたフレームがそれぞれ現地で完成車に組み立てられるものと思わ
れる。このように見ると，SRAM 社，SR Suntour 社，KMC 社での聞き取り

図表9-8　台湾からの自転車主要部品輸出（2015）

	金額（百万米ドル）	主な仕向地
フレーム・フォーク	468.6	欧米
ブレーキ	99.3	中欧
ギアクランク	45.9	中米欧
チェーン	28.7	欧中米日
変速器	26.1	米欧中
小　計	668.7	
その他	419.3	
合　計	1,088.0	

出所）臺灣經濟部國貿局（2015）『出口・進口國家統計』

図表9-9　日本からの自転車主要部品輸出（2015）

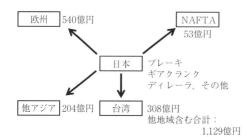

シマノ売上高セグメント情報（2015）

日　本	349億円	9%
北　米	415億円	11%
欧　州	1,447億円	38%
アジア	1,394億円	37%
合　計	3,786億円	100%

注）合計はその他地域を含む。また，自転
　　車部品以外の646億円を含む。
出所）（株）シマノ「平成27年12月期決算
　　　短信」2016年2月9日。

出所）財務省貿易統計

　調査でも明らかなように，各社ともハイエンドは台湾で，ミドル・ローエンド
は中国での生産となっており，台湾製部品は台湾で完成車メーカーによって組
み立てられ，輸出されるのではないかと推定される。
　図表9-9は，日本からの自転車主要部品の2015年の輸出実績である。主要部
品の輸出は1,129億円で，そのほとんどはシマノによるものと思われる。うち，
308億円は台湾への輸出で，台湾のハイエンド完成車に装着される。2015年度
のシマノの自転車部品の売り上げは3,140億円で，日本からの輸出が約1,000億
円であるから，残りの3分の2は中国，マレーシア，シンガポールなどの海外
工場で生産されていることになる。そして，売上高のセグメント情報からも明
らかなように，同社の主要市場は欧州とアジアであり，それぞれ売り上げの約
4割を占めている。シマノに代表される自転車の主要部品でも，日本を含む東
アジアで生産分業・供給体制が構築されているのである。
　最後に，東アジアの自転車クラスターが東南アジアへと拡大しつつあること
を報告しよう。SR Suntour 社は中国の2工場に加え，東南アジアに新工場を
立ち上げるべく検討を進めている。KMC 社はベトナム工場を稼働させており，
台湾と深圳のハイエンド製品の生産，江蘇省太倉のミドル製品，天津とベトナ
ムのローエンド製品と東南アジアを含む東アジア全域での生産分業体制が整っ

た。このように，アジアの自転車産業は南へと拡大し，日本，台湾，中国，そして東南アジアを含む東アジア全域に広がるクラスターとなった。各国の比較優位をどのように活用し，東アジアの自転車クラスターとどのように向き合うかは，各社の戦略次第である。

5．おわりに

　本章は台湾の自転車メーカーが比較優位を喪失するなかで，いかにして競争優位を獲得し，世界的プレーヤーになったか，そして「サイクルアイランド台湾」を実現できたのかを議論してきた。筆者が注目する説明変数のひとつは，A-Team の生産性向上活動を通して学んだ学習成果を，会員各社が自社に持ち帰り，実行するなかで，効率的な生産と高品質製品の開発と生産が可能になった点である。2つ目の説明変数は，台湾に研究開発や主力工場を維持することが A-Team 加盟の条件であったため，KMC 社のように台湾での生産を復活させた会社を含め，台湾と中国での垂直的な生産分業が実現した点である。筆者は，付加価値の高い製品の生産と販売が可能になった要因として，A-Team 各社が自ら生産分業を強制したことに求める。これらの2点は，これまでの A-Team に関する調査研究では，見過ごされてきたし，2010年以降にとくに顕著になった。

　本章は，台湾の自転車メーカーの競争優位獲得過程にに着目し，その要因を簡潔に述べれば，上記のような結論となる。しかし，前節で触れたように，アジアの自転車産業は台湾と中国に限定されない。日本の自転車産業は衰退したが，シマノは主要部品メーカーであり，自転車の事実上の標準を握る巨人となった。同社は本社工場から台湾を含むアジアと欧州ほかへ，ハイエンド製品を輸出している。中国と東南アジアの工場は，アジアを含む世界各地へ製品を供給している。他方，物量ベースでいえば，中国に一極集中していた自転車生産が東南アジアに広がり始めている。チャイナプラスワンといえるかもしれない。

アジアにおける産業クラスターが，黄海沿岸から東南アジアを含めた東アジア全域に拡大しつつある。生産分業の果実を獲得するのはどこか，そのための競争が始まろうとしている。

　それにしても，比較優位の喪失が産業の衰退につながった30年前の日本の自転車産業と，競争優位を獲得することができた台湾の違いはどこにあったのか。この問いへの筆者の解答は，経営者の合理的な判断と企業者特有の意思決定の違いにあるということである。大企業の子会社で，サラリーマン社長が経営者になった日本の自転車完成車メーカーには「合理的な」判断が求められる。労働コストの比率の高い軽工業にあって，急激な円高によって国内生産が困難になれば，生産移転によってコスト競争力を維持しようとするのは当然である。また，日本に自転車産業を維持すべきという産業レベルの規範論よりも，自社の生き残りという短期戦略が最優先となる。「合理性」ゆえの失敗であり，合理性の陥穽といえるかもしれない。

　台湾の企業者も，低コスト生産を実現するために生産移転を躊躇する理由はなかった。しかし，それが行き過ぎ，台湾が空洞化することになれば，自らの存在意義が失われるとの危機感もまた強烈であった。そして，中期的に見れば，台湾の空洞化が自社の競争力を減退させることを理解していた。自らの存在が危機に瀕しているとの共通認識が，通常あり得ない競合間の協調を後押しした。時には経済合理性に反し，企業者精神に合致する規範論に基づく意思決定を行い，実行に移すことが必要な場合があることを示唆している。ただ，そのためには数年単位ではなく，短くとも10年，あるいはそれ以上のスパンで，経営者に会社のかじ取りを任せなければならない。それが許されることこそが創業経営者の強みなのである。

（今井　雅和）

謝　辞

　Giant 社の許立忠広報部長，Merida 社の原其彬副総経理，SR Suntour 社の小林大裕董事長，SRAM 社の高禮翔アジア総経理，KMC 社の呉盈進会長の皆さまには聞き取り調査にご協力戴きました。記して感謝の意を表します。

　また，本文は JSPS 科研費 JP26380529および JP16H03660 の助成を受けて行われた調査研究の成果の一部です。記して感謝の意を表します。ありがとうございました。

注

1) 台北市が展開するレンタルサイクルシステムであるが，日本などで見られるようなレンタルサイクルとは規模の点でも，運用面でも，使用者の利便性においても比較にならないレベルである。

2) OEM は，生産委託者が設計，量産設計を行い，時には生産指導を行い，生産受託者は生産のみ請け負う方式である。ODM は受託者が設計，量産設計を行い，委託者の承認を得て，生産し，製品を供給する。OBM は，自ら設計し，自社ブランドを冠した製品を生産し，販売する。

3) 野嶋（2012）は，Giant 社を中心に，台湾の自転車産業を一般向けに紹介した。

4) A-Team に関する先行研究はいくつかある。代表例を挙げるとすれば，論文では Wei（2012）pp.17-32，学会発表では魏（2013）などがある。本章の記述は，先行研究および筆者の会員企業での聞き取り調査に基づく。

5) A-Team の3代目会長（KMC の呉会長）は，2015年からの活動として，(1) 講演会や各社の取り組み発表会など，ミニ MBA 学習組織の立ち上げ，(2) 3T（TPS，TQM，TPM）の推進，(3) 各社の新入社員や新任役職者訓練の共同実施を挙げた。2015年5月の呉会長との面談時，聴取した。

6) 東洋経済新報社（2016年）を参照した。元データは自転車産業振興協会『自転車統計要覧　第50版』2016年6月である。

7) 「自転車の衝撃吸収部品で成長　栄輪科技（台湾）日本からの移転　信頼得る」『日本経済新聞』日本経済新聞社，2014年8月12日。

8) 東洋経済新報社（2016）を参照した。

9) 同社の平成27年12月期決算短信〔日本基準〕（連結），平成28年2月9日を参照した。

10) 以下は，主に2014年の Giant 社，2015年の Merida 社，SRAM 社，SR Suntour 社（2回），KMC 社での聞き取り調査に基づく記述である。

11) 同社は，マグネシウム合金の技術を用い，マグネシウム合金製のポータブル PC のケースを受託生産している。

12) 欧米の一流ブランドの Trek, Specialized, Pinarello はそれぞれ自社内で設計し，本国の開発工場で試作し，量産につなげている。台湾メーカーにすべてを委託しているわけではない。Giant 社が OEM を通じて，世界の最先端技術を学ぶというにも頷ける。また，世界的レースでの台湾ブランドの地位は確かに向上したが，

欧米ブランドへの信頼性にそれほど大きな変化はない。

参考文献

Brookfield, J., R. J. Liu and J. P. MacDuffie (2008) "Taiwan's bicycle industry A-Team battles Chinese competition with innovation and cooperation," *Strategy & Leadership*, Vol.36, No.1 : 14-19.

Cycle Press (2008) *A-TEAM Tracing the A-Team Evolution.*

Rugman, Alan M. (1981) *Inside the Multinationals : The Economics of Internal Markets*, New York, Columbia University Press.

Wei, wen-chin (2012), "One Dynamic Analysis of Taiwan Bicycle Industry's A-TEAM,"『德明學報』第三十六巻第一期

魏聰哲 (2013)「台湾中小企業クラスターの進化と企業連携システムの形成」国際ビジネス研究学会全国大会報告要旨

張書文 (2009)「空洞化の危機と台湾自転車産業の組織間学習」野村重信・那須野公人編『アジア地域のモノづくり経営』学文社

東洋経済新報社 (2016)『会社四季報業界地図2017年版』東洋経済新報社

野嶋剛 (2012)『銀輪の巨人』東洋経済新報社

渡辺幸男・駒形哲哉・周立群 (2009)『東アジア自転車産業論—日中台における産業発展と分業の再編—』慶應義塾大学出版会

資　料

160

1. 調査目的と内容

　当研究センターが2011年に行った「日本発経営力の創成と『新・日本流』経営者・管理者教育」に関するアンケートに続き，今回の調査はスモールビジネスのマネジメントと国際企業家の育成について明らかにしようとしたものである．これらのテーマに取り組むことによって，日本のスモールビジネスの今後の方向性について研究者や経営実践家に発信することが期待される．

　本調査の構成は，Ⅰ.経営全般，Ⅱ.経営力，Ⅲ.経営者能力，Ⅳ.管理者能力，Ⅴ.アジアへの進出，Ⅵ.知財に関する6つのテーマから構成されている．また，各質問項目に対する「重要度」について5段階項目で評価を行っている（付録の「アンケート回答用紙」を参照）．

　Ⅰ.経営全般では，スモールビジネスにおける経営者の行動原則について明らかにしようとしたものである．具体的には，経営理念，ステークホルダー，経営者候補の役職について尋ねている．

　Ⅱ.経営力については，スモールビジネスの経営力創成に関する行動原則について明らかにしようとしたものである．具体的には，イノベーション力，マーケティング力，ガバナンス力について尋ねている．

　Ⅲ.経営者能力については，スモールビジネスの経営者教育に関する行動原則について明らかにしようとしたものである．具体的には，経営のグローバル化に関する課題，グローバルリーダーに求められる能力，グローバル人材育成について尋ねている．

　Ⅳ.管理者能力については，スモールビジネスの管理者教育に関する行動原則について明らかにしようとしたものである．具体的には，経営層から人事部門主導で解決が期待されている施策，人事部門で解決すべきと考えている施策，これからの人事部門に必要とされている役割・使命について尋ねている．

　Ⅴ.アジアへの進出については，スモールビジネスのアジア進出について，その進出形態などについて尋ねている．

　Ⅵ.知財については，スモールビジネスにおける知財取得の目的・活用方法などについて尋ねている．

2. 本調査の対象と方法

　本調査の対象は，ジャスダック，マザーズ上場企業における金融，上場廃止企業，上場予定企業，監理・整理銘柄指定企業を除いた前回調査の回答企業1005社を対象に実施した．調査実施時期は，2016年2月であり，回答者数は43社（回収率4.2％）であった．調査対象者は，主として経営者を対象に行った．経営者が回答できない場合は，経営者の職に準ずる方から回答を頂いた．調査方法は郵送により，会社名，

回答者氏名，回答者職名の欄を設けた．

　本調査はアンケート調査の回答から集計したデータの統計的処理と分析のプロセスにおいて，最初の段階のデータ処理で得られた基本統計量とその分析をまとめたものである．基本統計量は最も素朴な情報を提供するので，直感的に理解しやすい分析の結果が得られる．

　アンケートの回答方法について，各質問項目のそれぞれの項目ごとに貴社にとっての重要度を次のように5段階評価し，回答をいただいた．

　5：最も重要，4：かなり重要，3：どちらかといえば重要，2：あまり重要でない，1：重要でない．

　ここでは，基本統計量として各項目の重要度を標本平均と標準偏差を示した．標本平均は各項目の平均的重要度を表すもので，標本平均についてはグラフに示した．標準偏差は重要度のばらつきを表すので，その値が小さいほど回答者の認識が近いことを意味し，大きいほど意見が分かれていることを意味している．質問毎に分析の結果をグラフの下に示している．

3.　調査メンバーおよび執筆者一覧

井上善海（センター長，東洋大学教授）〔Ⅴ.アジアへの進出担当〕
小嶌正稔（プロジェクトサブリーダー，東洋大学教授）〔Ⅱ.経営力担当〕
柿崎洋一（プロジェクトサブリーダー，東洋大学教授）〔Ⅱ.経営力担当〕
幸田浩文（プロジェクトサブリーダー，東洋大学教授）〔Ⅲ.経営者能力担当〕
西澤昭夫（研究員，東洋大学教授）〔Ⅵ.知財担当〕
董　晶輝（研究員，東洋大学教授）〔Ⅱ.経営力担当，Ⅴ.アジアへの進出担当〕
小椋康宏（センター顧問，東洋大学名誉教授）〔Ⅰ.経営全般担当〕
清水健太（研究支援者，東洋大学非常勤講師）〔Ⅲ.経営者能力担当〕

4. 調査結果

Ⅰ. 経営全般について

Ⅰ-1. 経営理念について

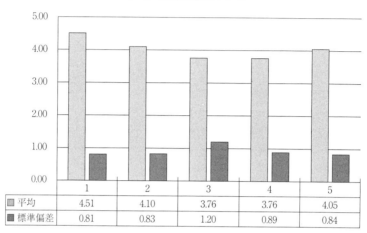

	1	2	3	4	5
■ 平均	4.51	4.10	3.76	3.76	4.05
■ 標準偏差	0.81	0.83	1.20	0.89	0.84

1：事業理念　2：社会貢献理念　3：創業者理念　4：環境応用理念　5：ステークホルダー関係理念

　経営全般について，まずⅠ-1. 経営理念の重要度から尋ねた。経営理念の中身については，ここでとりあげた5つの理念の重要度を問うたものである。第1位は事業理念が平均4.51，標準偏差0.81で高い重要度を示すことになった。第2位は社会貢献理念が平均4.10，標準偏差0.83で高い重要度を示すことになった。第3位はステークホルダー関係理念が平均4.05，標準偏差0.84であり，第4位は環境応用理念が平均3.76，標準偏差0.79であり，同じく第4位は，創業者理念が平均3.76，標準偏差0.89であり，いずれも経営理念の重要度はあるとの結果を得た。ただし，創業者理念が環境対応理念とともに最下位になっていることについては，大企業と同様に，企業年齢が経つにつれて，経営者がその重要性について少し低く考えていることがわかる。経営理念は，大企業，スモールビジネスともに重要な概念であり，経営の実践活動において，もっとも重要な意味を持っていることをあらためて指摘しておきたい。

Ⅰ-2.　経営構想について

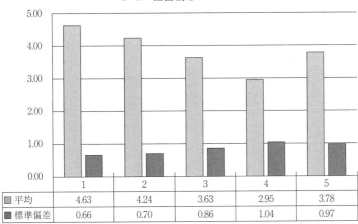

	1	2	3	4	5
■平均	4.63	4.24	3.63	2.95	3.78
■標準偏差	0.66	0.70	0.86	1.04	0.97

1：事業構想　2：企業全体構想　3：企業集団構想　4：企業グローバル化構想　5：企業・社会関係構想

　経営全般について，Ⅰ-2．経営構想の重要度について尋ねた。経営構想の中身については，ここでとりあげた5つの構想の重要度を問うたものである。経営構想については，第1位は事業構想が平均4.63，標準偏差が0.66であり，第2位は企業全体構想が平均4.24，標準偏差が0.70であり，その重要度が明らかになった。第3位は企業・社会関係構想が平均3.78，標準偏差が0.97であり，第4位は企業集団構想が平均3.63，標準偏差が0.86であり，第5位は企業グローバル化構想が平均2.95，標準偏差が1.04であり，重要度の程度を判断していることがわかる。ただし，事業構想および企業全体構想が高い重要度を示していることについては，異論のないところである。ここで明らかなように，第3位の企業・社会関係構想と第4位は企業集団構想の重要度については判断されているが，第5位の企業グローバル化構想の重要度については積極的な判断がなされていないことが理解できる。

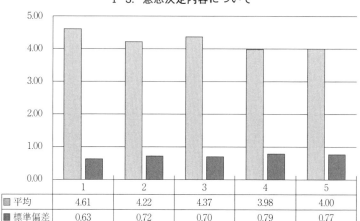

Ⅰ-3. 意思決定内容について

	1	2	3	4	5
■ 平均	4.61	4.22	4.37	3.98	4.00
■ 標準偏差	0.63	0.72	0.70	0.79	0.77

1：事業に関する意思決定　2：ガバナンスに関する意思決定　3：コンプライアンスに関する意思決定　4：社会的責任に関する意思決定　5：ステークホルダー関係に関する意思決定

　経営全般について，Ⅰ-3. 意思決定の内容の重要度を尋ねた。意思決定内容の中身については，ここでとりあげた5つの意思決定内容の重要度を問うたものである。第1位は事業に関する意思決定が平均4.61，標準偏差が0.63であり，第2位はコンプライアンスに関する意思決定が平均4.37，標準偏差が0.70であり，第3位はガバナンスに関する意思決定が平均4.22，標準偏差が0.72であり，第4位はステークホルダー関係に関する意思決定が平均4.00，標準偏差が0.77であり，第5位は，社会的責任に関する意思決定が平均3.98，標準偏差が0.79であり，いずれも高い重要度を示すことになった。この点については，経営全般における意思決定については，経営者にとってもっとも重要な事項のひとつとなっていることが明確になった。

Ⅰ-4.　ステークホルダーについて

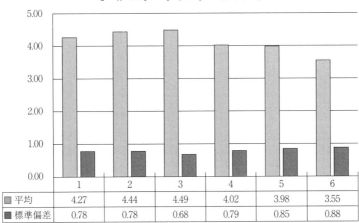

	1	2	3	4	5	6
■ 平均	4.27	4.44	4.49	4.02	3.98	3.55
■ 標準偏差	0.78	0.78	0.68	0.79	0.85	0.88

1：株主　2：従業員　3：顧客　4：取引先　5：社会　6：自然

　経営全般について，Ⅰ-4. ステークホルダーの重要度を尋ねた。ステークホルダーの中身については，ここでとりあげた6つのステークホルダーの重要度を問うたものである。第1位は顧客が平均4.49，標準偏差が0.68であり，第2位は従業員が平均4.44，標準偏差が0.78であり，第3位は株主が平均4.27，標準偏差が0.78であり，第4位は取引先が平均4.02，標準偏差が0.79であり，いずれも重要度の高いステークホルダーであり，アンケート結果は理解できるところである。顧客が第一のステークホルダーであるという考え方は，大企業と同様，スモールビジネスにとって重要と考える実態は，明らかになっている。ただし，ステークホルダーである株主が最上位にこなかった点については，日本企業の経営者の特徴的な考え方を示しているといえよう。第5位は社会が平均3.98，標準偏差が0.85であり，第6位は，自然が平均3.55，標準偏差が0.88となっており，社会や自然環境に対する関心度は，他のステークホルダーと比べてやや低いことが明らかになった。とくに自然環境に対する重要度が他のステークホルダーと比べて低いという点は，スモールビジネスの経営者の自然環境に対する関心が遅れていることがわかる。

Ⅱ. 経営力について

Ⅱ-1. マーケティング力について

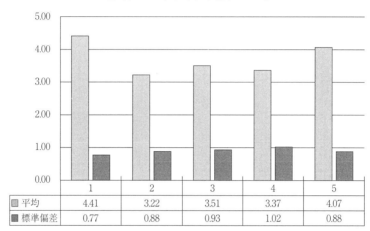

	1	2	3	4	5
平均	4.41	3.22	3.51	3.37	4.07
標準偏差	0.77	0.88	0.93	1.02	0.88

1：顧客価値への対応　2：マーケティングミックスへの対応　3：市場シェアの獲得　4：マーケティング・コスト削減能力　5：製品あるいはサービスのブランド力

　マーケティング力：顧客価値への対応（4.41），製品あるいはサービスのブランド力（4.07）の２点が重要と認識されていた。顧客への対応はマーティングにおけるもっとも基本的な価値観を示したものであり，マーケティングの基本的役割として認識されている。二番目のブランド力はマーケティングの目的や方向性を示したものと考えられる。この結果は，2010年の調査と同様であったが，重要度の点数はやや下がっている。この2点の重要度が減少した理由は，標準偏差から見れば，マーケティングへの重要性への評価が分かれてきていることを示している。またマーケティング力をシェアの獲得という競争的側面，マーケティングミックスやコスト削減といったマネジリアルな側面から評価する姿勢は共に低くなっている。特にマーケティングミックスへの対応については，3.72から3.22に低下し，コスト削減については3.72から3.37まで低下している。

　このことからマーケティング力については基本的な価値観についての重要性とブランド力といった相対的に総合力を評価する一方，ツールとしてのマーケティングについては重視の度合いをやや落とし，コスト削減能力については，回答者の評価が分かれているが，これはマーケティング・コストに対して回答者の置かれた状況にばらつきがあると考えられる。

Ⅱ-2.　イノベーション力について

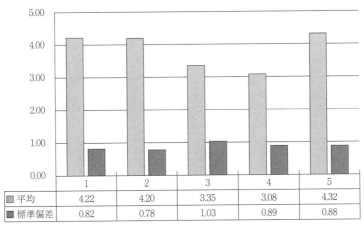

	1	2	3	4	5
■ 平均	4.22	4.20	3.35	3.08	4.32
■ 標準偏差	0.82	0.78	1.03	0.89	0.88

1：製品あるいはサービスのイノベーション　2：技術・知識のイノベーション　3：生産プロセスのイノベーション　4：サプライチェーン全体についてのイノベーション　5：人材・人材活用のイノベーション

　イノベーション力：イノベーション力については，製品あるいはサービス，技術・知識，人材活用の３つのイノベーションが４点台と重要度が高く認識される一方，生産とサプライチェーンについては，３点台とやや重要度が低くなっている。この重要な3項目の中でも，2010年の調査と比較すると，製品・サービスのイノベーションの重要性が下がっているのに対し，人材・人材活用，技術・知識の2項目では重要度が高くなり，対照的な結果となった。

　重要度が低かった生産プロセスとサプライチェーンについては，さらに重要度が低くなった。生産プロセスについては，3.66から3.35へ，サプライチェーンについては3.66から3.08に大幅に下がった。

　このことからイノベーション力が製品サービスから人材・人材活用に重点が移っているが，標準偏差からみると，製品・サービス，技術・知識においては一様に重視されているのに対し，人材についてはやや回答者の間にばらつきがあると思われる。

　人材・人材活用のイノベーションの重視は，人間重視の日本企業の基本的な経営姿勢を示しているが，一方で製品等のイノベーションよりも人材・人材活用が高いのは，イノベーション成果と距離を感じている結果とも考えられる。

Ⅱ-3. 財務力について

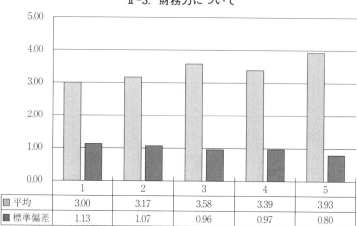

	1	2	3	4	5
平均	3.00	3.17	3.58	3.39	3.93
標準偏差	1.13	1.07	0.96	0.97	0.80

1：借り入れによる資金調達力　2：株式市場における資金調達力　3：内部留保の活用による資金調達力　4：有形資産への投資決定力　5：無形資産（人的能力・ブランド力など）への投資決定力

　財務力については，資金の調達および運用能力に関わる5つの要素の重要度を尋ねた。解答の結果から，資金の運用に関しては，無形資産への投資決定力が有形資産へのそれを重要視していることがわかる。無形資産への投資決定力はすべての要素のなかでも最も高得点で，標準偏差が最も小さい。このことは，人材，ブランド，技術・ノーハウが最重要と考えている企業が多くなっていると推測される。資金の調達に関しては，内部留保の活用が最も重視され，続いて，株式市場からの調達，借り入れの順になる。多くの企業が間接金融よりも直接金融の方が重要と考えていることがわかる。

II-4.　ガバナンス力について

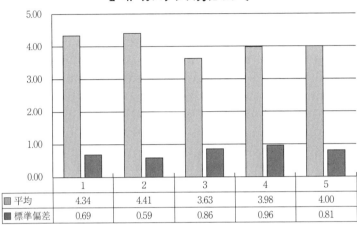

	1	2	3	4	5
■ 平均	4.34	4.41	3.63	3.98	4.00
■ 標準偏差	0.69	0.59	0.86	0.96	0.81

1：取締役［会］の意思決定力　2：最高経営者（社長）の意思決定力　3：ステークホルダーとの対抗力　4：コンプライアンス力　5：内部統制および危機管理能力

　II-4.　ガバナンス力：第1位は「最高経営者（社長）の意思決定力」（重要度平均4.41），第2位は「取締役［会］の意思決定力」（同4.34）となっており，前回調査と変わらず最高経営層における意思決定力がガバナンス力として重要であることを示している。第3位が「内部統制および危機管理能力」（同4.00），第4位が「コンプライアンス力」（同3.96）となっており，ほぼ同一水準にある。これは，今日の企業に係る不祥事等の問題によるものと考えられる。今回の調査が中小企業を対象としたものである点を考慮すれば，ガバナンス力についても企業の規模の違いは見られなかった。この意味では，ガバナンス力が意思決定力とともにコンプライアンス力を兼ね備えたものへと変化している。

170

II-5. 企業の社会的責任力（CSR力）について

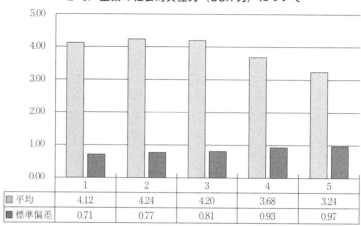

	1	2	3	4	5
■ 平均	4.12	4.24	4.20	3.68	3.24
■ 標準偏差	0.71	0.77	0.81	0.93	0.97

1：経営倫理責任　2：コンプライアンス　3：企業の持続的成長責任　4：企業社会貢献活動　5：コーポレート・シティズンシップ（企業市民）

II-5. 企業の社会的責任力（CSR力）：第1・2・3位は，「コンプライアンス」（重要度平均4.24）「企業の持続的成長責任」（同4.20）「経営倫理責任」（同4.12）である。第3位以上の細目が重要度4の前半に収まっていることは，前回調査と変わらない。この点は，「ガバナンス力」と同様に企業規模の違いは見られなかった。したがって，企業の社会的責任力は，広くわが国の企業社会に認知されているとみられる。また，第4・5位が，「企業社会貢献活動」（同3.68）「コーポレート・シティズンシップ（企業市民）」（同3.24）であり，前回調査が3の後半であったのに対して，3の前半ないし近くなっている。全体としては，企業の社会的責任力は日本企業の基本的な経営姿勢として重視されているといえる。ただし，戦略的CSRなど経営活動の中核，事業活動を通じたCSRが重視される傾向の流れが反映されつつあると考えられる。

Ⅲ. 経営者能力について

Ⅲ-1. 経営者としてグローバル化について

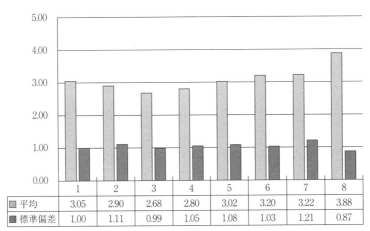

	1	2	3	4	5	6	7	8
■ 平均	3.05	2.90	2.68	2.80	3.02	3.20	3.22	3.88
■ 標準偏差	1.00	1.11	0.99	1.05	1.08	1.03	1.21	0.87

1：グローバル人材の確保　2：国際経営者・管理者育成　3：日本的雇用慣行の堅持（年功序列制・終身雇用制・企業別労働組合）　4：世界の優秀な人材の確保　5：日本本社の国際化（内なる国際化）　6：ダイバーシティ人材による経営　7：国際的提携やM&Aを駆使した企業成長　8：コーポレート・ガバナンス

　本設問は，経営者としてグローバル化との関係で何を重要視しているかについて問うたものである。その回答として最も多かった（1位）のは，8.コーポレート・ガバナンスであった。

　コーポレート・ガバナンスには，本来の内部統制・監査といった企業内の不正行為の防止はもとより，今日のグローバル市場において，長期的な企業価値の増大を目的とした企業経営の仕組みの構築が要請されている。それに加えて，グローバル化の進展により，内外の経済情勢やステークホルダーの動向の監視やリスク分析・リスクマネジメントにまでその範囲は広がっている。その点は，2位の7.国際的提携やM&Aを駆使した企業成長，3位の6.ダイバーシティ人材による経営，4位の5.日本本社の国際化（内なる国際化）と続くことからも分かる。

　その他，5位の1.グローバル人材の確保，6位の2.国際経営者・管理者育成，7位の4.世界の優秀な人材の確保と続く。グローバル化に対応する人材の確保と教育の必要性は相対的に低い順位となっている。なお，最下位（8位）の3.日本の雇用慣行の堅持（年功序列制・終身雇用制・企業別労働組合）は，グローバル化時代には相応しくないのは当然のことであろう。

Ⅲ-2. トップ経営者になるための資質について

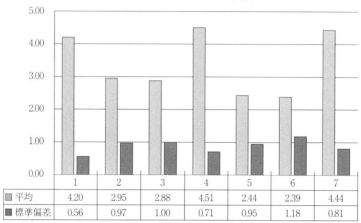

	1	2	3	4	5	6	7
■ 平均	4.20	2.95	2.88	4.51	2.44	2.39	4.44
■ 標準偏差	0.56	0.97	1.00	0.71	0.95	1.18	0.81

1：頭脳明晰　2：声が大きいこと　3：外観（容姿など）　4：胆力（人間としての器）
5：有力大学卒　6：オーナー一族（血縁）　7：優れた人間性（愛情や倫理観を含む）

　本設問は，トップ経営者になるための資質について問うたものである。その回答
として最も多かった（1位）のは，4.胆力（人間としての器），次いで7.優れた人
間性（愛情や倫理観を含む），3位の1.頭脳明晰と続く。上記の1〜3位と4〜7
位の態度・容姿・学歴・血縁などの点数とはかなりの格差がみられる。またトップ
経営者になるための資質を，後設問のⅣ-2.の管理者として必要される資質と比較
してみると，管理者では1位・人柄・人望・人間的魅力，2位・胆力（精神力），3
位・頭脳明晰の順で重要視されており，1位と2位が逆になっている。とはいえ，
トップ経営者も管理者も，やはり人間としての器や人間性，頭脳の明晰さが不可欠
な資質なのである。
　また上位3つと差があるが，4位の2.声が大きいことは，文字通り大声であると
いう意味もあろうが，発言力やコミュニケーション力，意志の強さの表れと解釈で
きよう。5位の3.外観（容姿など）や6位の5.有力大学卒は経営者・管理者の資質
にはあまり関係ないようである。ただし，7位の6.オーナー一族（血縁）は，たし
かにトップ経営者の資質としては直接無関係ではあるが，実際には事業承継者とし
てやがてトップ経営者になる可能性があり，彼らが上位3つの資質を備えていない
人物であった場合は当該企業としては不幸である。

Ⅲ-3.　M&A について

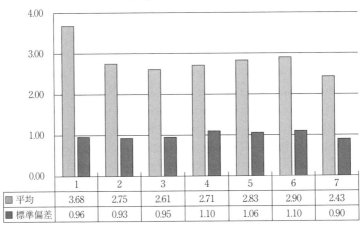

	1	2	3	4	5	6	7
■ 平均	3.68	2.75	2.61	2.71	2.83	2.90	2.43
■ 標準偏差	0.96	0.93	0.95	1.10	1.06	1.10	0.90

1：営業譲受（資産取得）　2：営業譲渡（資産売却）　3：MBO（マネジメント・バイアウト）　4：市場での株式買い付け　5：第三者割当増資による新株引受　6：友好的株式公開買い付け　7：非友好的株式公開買い付け

　Ⅲ-3.　M&A の重要度から尋ねた。M&A の中身については，ここでとりあげた７つの重要度を問うたものである。第１位は営業譲受（資産取得）が平均3.68，標準偏差0.96で高い重要度を示すことになった。第２位は，友好的株式公開買い付けが平均2.90，標準偏差1.10であり，第３位は，第三者割当増資による新株引受が平均2.83，標準偏差1.06であり，第４位は，営業譲渡（資産売却）が平均2.75，標準偏差0.93であり，第５位は，市場での株式買い付けが平均2.71，標準偏差1.10であり，第６位は，MBO（マネジメント・バイアウト）が平均2.61，標準偏差0.95であった。第７位は，非友好的株式公開買い付けが平均2.43，標準偏差0.90であった。第１位の営業譲受（資産取得）が重要度が最も高いと評価された理由については，今回のアンケート調査がスモールビジネスを対象としており，企業そのものを買収するほどの規模が無いことが考えられる。第２位から第６位までは，それぞれ判断されていることがわかる。ただし，第７位の非友好的株式公開買い付けが低い評価とされていることについては，非友好的な M & A について否定的な文化が存在することがうかがえる。

Ⅲ-4. 地球環境問題に対する企業の取り組みについて

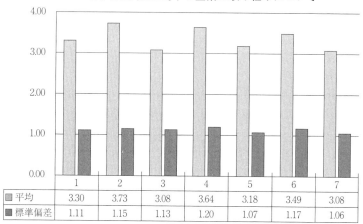

	1	2	3	4	5	6	7
平均	3.30	3.73	3.08	3.64	3.18	3.49	3.08
標準偏差	1.11	1.15	1.13	1.20	1.07	1.17	1.06

1：地球温暖化　2：廃棄物処理　3：省エネ製品・エコ製品の開発　4：有害物質削減
5：エコマインドの醸成　6：製造物責任　7：クリーンテクノロジー

Ⅲ-4. 地球環境問題：地球環境問題は企業だけではなく，人類の生存に係る国際的な問題として認識される時代である。この問題への対応は，自動車，家電，エネルギー，食品など広く企業の製品・サービスの在り方，さらには企業の盛衰を左右する問題となってきた。

　この設問は，企業の取り組みについて具体的な項目を設定し現状認識を質問したものである。第1・2位は，「廃棄物処理」（重要度平均3.73）「有害物質削減」（同3.64）である。この2つの項目が3の後半に収まっている。前年調査と比べて，「有害物質削減」が4位から2位へと上がっている。第3・4・5位は，「製造物責任」（同3.49）「地球温暖化」（同3.30）「エコマインドの醸成」（同3.18）となっている。第1から第5位までの重要度平均を見ると「有害物質削減」（4位から2位）と「製造物責任」（6位から3位）が高位置にある。これは，中小企業がサプライチェーンとの関係で，取引先からの要請によるものとも考えられる。逆に，「省エネ製品・エコ製品の開発」（同3.08），「クリーンテクノロジー」（同3.08）は，低位置にある。このような技術革新による取り組みが大企業とは異なり，中小企業では困難であるということかもしれない。今後は，中小企業の経営の在り方とも連動して，イノベーションへの取り組みについて検討することが必要であろう。

Ⅳ. 管理者能力について

Ⅳ-1. 管理者に必要な能力について

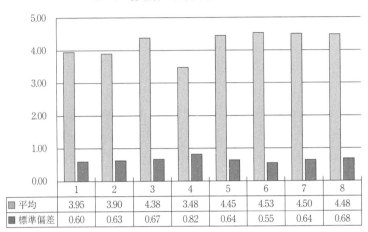

	1	2	3	4	5	6	7	8
■ 平均	3.95	3.90	4.38	3.48	4.45	4.53	4.50	4.48
■ 標準偏差	0.60	0.63	0.67	0.82	0.64	0.55	0.64	0.68

1：情報処理能力　2：政策形成力　3：部下の育成能力　4：上司のパワーをつかいこ
なせる能力　5：コミュニケーション能力　6：リーダーシップ　7：責任感　8：熱意・
チャレンジ精神

　1969年，現日本経団連の前身であるいわゆる日経連は，能力を体力・適性・知
識・経験・性格・意欲等の要素から成り立つと定義した。こうした能力は，個別的
に発揮され，業績という形で顕在化され，企業目的に資するのである。企業におい
て従業員に求められる能力とは，企業目標の達成に貢献する職務遂行能力であり，
人の能力の質と量は，個人の努力や職場の環境によって変化するのである。
　本設問は，管理者に必要な能力について問うたものである。その回答として多か
った（1位）のは，6.リーダーシップであった。リーダーシップは，標準偏差をみ
ても，ばらつきが相対的に低く，次いで，7.責任感，8.熱意・チャレンジ精神，
5.コミュニケーション能力，3.部下の育成能力，1.情報処理能力，2.政策形成力，
4.上司のパワーをつかいこなせる能力と続いている。これは，前回の「日本発経営
力の創成と『新・日本流』経営者・管理者教育に関するアンケート調査」（2011年3
月）の結果と比較しても，6位：情報処理能力と7位：政策形成力が入れ違ってい
るだけで，他の順位はまったく同じであった。なお，管理者に必要な能力として，
設問に問題解決能力や論理的・構造的に物事を考える批判的思考（クリティカル・
シンキング）力などを挙げる必要があったと考える。

Ⅳ-2. 管理者として必要とされる資質について

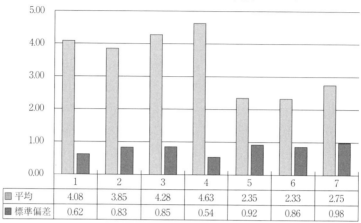

	1	2	3	4	5	6	7
■平均	4.08	3.85	4.28	4.63	2.35	2.33	2.75
■標準偏差	0.62	0.83	0.85	0.54	0.92	0.86	0.98

1：頭脳明晰　2：体力　3：胆力（精神力）　4：人柄・人望・人間的魅力　5：家柄・家庭環境　6：学歴（有力大学卒）　7：外観（容姿など）

　本設問は，前設問の管理者に必要な能力に関連して，管理者として必要とされる生まれ持った性質や才能つまり資質について問うたものである。その回答として多かった（1位）のは，4. 人柄・人望・人間的魅力といった性格面であった。回答は，1位から4位と，5位から7位までと平均値の高低にギャップがみられる。

　前回の「日本発経営力の創成と『新・日本流』経営者・管理者教育に関するアンケート調査」（2011年3月）の結果と比較しても，5位：7. 外観（容姿など）と6位：5. 家柄・家庭環境が入れ違っているだけで，他の順位はまったく同じであった。ただし，5位の7. 外観（容姿等），6位の5. 家柄・家庭環境，最下位の6. 学歴（有力大学卒）は，それほど重要視されていないのだが，それらについては，1位～4位に比べて標準偏差（ばらつき）が高いのが特徴的である。つまり，平均値は低いが重要視している向きもあるということがいえよう。

　また，学歴の高さや有力大学卒といった履歴が必ず管理者として必要とされる資質ではないとの回答が，最下位の7位として示されているが，3位の頭脳明晰との関連性はどのように考えたらよいのだろうか。つまり，頭脳明晰といった資質は，大学などの高等教育機関によって向上させることができるかどうかといった問題に関連しよう。また，5位の外観だが，貫禄・恰幅・見た目が良いなどの容姿や様子は，業種や職種によっては，重要な要素だと考えられるがどのように捉えたらよいのだろうか。

Ｖ．アジアへの進出

Ｖ-1．アジアへ進出について

回答企業の48%がアジアへ進出すると答えている。

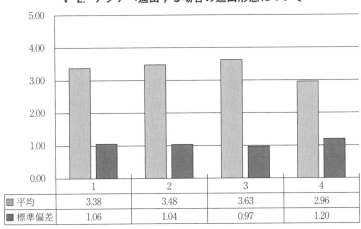

Ｖ-2．アジアへ進出する場合の進出形態について

	1	2	3	4
■ 平均	3.38	3.48	3.63	2.96
■ 標準偏差	1.06	1.04	0.97	1.20

1：代理店・商社利用　2：合弁　3：独資　4：M&A

　アジアへの進出形態については，「独資」「合弁」「代理店・商社利用」の順で大きな差はない。それに比べて「M&A」方式は低い結果となった。

　進出形態の選択は，進出国の法規制や地域特性，それに進出企業の業種・業態により異なってくることから一概には言えないが，海外進出が初めてまたは経験が浅い場合は，豊富な実務経験と専門知識を有する「代理店・商社利用」の方が，直接投資を伴わずリスクは低い（ローリスク・ローリターン）。

　2〜4は直接投資を伴うことからリスクは高くなってくる。「独資」は自社の方針や戦略に基づき現地化を進めることができるが，「合弁」は合弁先との経営方針をめぐる意見対立などのコンフリクトが起きることから，合弁相手先の信用調査や評判などの事前情報収集が重要になってくる（ミドルリスク・ミドルリターン）。

　「M&A」方式が他の方式に比べて選択率が低くなっているのは，日本企業同士のM&Aでも異文化組織の摩擦が発生するのに，異文化の国の異文化組織のM&Aであることから想定外のトラブル多発への恐れがあるものと思われる。しかし，M&Aがうまくいけば，果実は4つの進出形態の中でも最も大きくなる（ハイリスク・ハイリターン）。

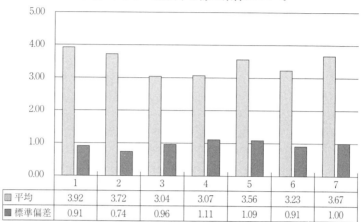

V-3. アジアへ進出する際の条件について

	1	2	3	4	5	6	7
■ 平均	3.92	3.72	3.04	3.07	3.56	3.23	3.67
■ 標準偏差	0.91	0.74	0.96	1.11	1.09	0.91	1.00

1：立地条件　2：労働力資源　3：原材料等の物的資源の優位性　4：海外進出のための資金の調達　5：市場へのアクセス　6：税制等の優遇策　7：法整備の水準

　アジアへの進出条件については，「立地条件」がもっとも高く，次いで「労働力資源」「法整備の水準」「市場へのアクセス」の順となっているが，大きな差はない。「税制等の優遇策」や「海外進出のための資金の調達」「原材料等の物的資源の優位性」はやや低い結果となっている。

　1990年代のアジア，特に中国への進出はコスト志向であったことから，労働力資源や原材料等の物的資源などが進出条件となっていた。しかし，2000年代に入ると中国の経済成長による需要獲得を目指した市場志向へと変化してきたため，立地条件や市場へのアクセスなどが進出条件の上位を占めるようになった。

　ただ，中国は労働コストや物的資源コストが徐々に上昇してきていることから，コスト志向の海外進出は，タイ，ベトナム，カンボジアへと移行してきており，ミャンマーへの進出も今後は増加するものと思われる。

VI. 知的財産について

VI-1. 知的財産取得の目的について

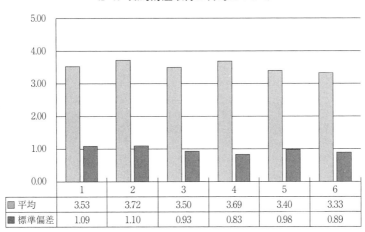

	1	2	3	4	5	6
平均	3.53	3.72	3.50	3.69	3.40	3.33
標準偏差	1.09	1.10	0.93	0.83	0.98	0.89

1：自社の研究・開発能力の向上　2：高付加価値製品の開発　3：販路の維持・開拓
4：参入障壁及び競争会社への対抗力　5：独自性のPR・広告宣伝の手段　6：許諾に
よる収益性の向上

　今回から，「VI. 知的財産について」というアンケート項目を追加し，回答して
頂いた。VI-1は「知的財産取得の目的について」である。取得目的として最も重
視された項目は「高付加価値製品の開発」であり，重要度の平均は3.72であった。
次いで「参入障壁及び競争会社への対抗力」がこれに3.69，第2位である。「自社
の研究・開発能力の向上」及び「販路の維持・開拓」がこれに続く結果となってい
た。商品のコモディティ化が急速に進展するなか，「高付加価値製品の開発」とそ
の「販路の維持・開拓」が大きな経営課題となっていることが示された結果だとい
えよう。ただ，この「高付加価値製品の開発」と「II-1. マーケティング力につい
て」及び「II-2. イノベーション力について」の各項目との相関係数を採ってみる
と，「顧客価値への対応」「市場シェアの獲得」「製品あるいはサービスのイノベー
ション」との関係性が弱いという結果になっていた。この点では「高付加価値製品
の開発」が企業側の独り善がりになっており，開発努力が販売増加に結び付き難い
経営体質を示すといえるが，この点はさらなる検討事項としたい。

VI-2. 知的財産の取得・活用について

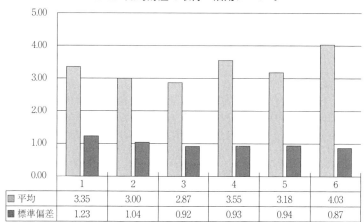

	1	2	3	4	5	6
■ 平均	3.35	3.00	2.87	3.55	3.18	4.03
■ 標準偏差	1.23	1.04	0.92	0.93	0.94	0.87

1：特許権　2：実用新案権　3：意匠権　4：商標権　5：著作権　6：ノウハウ・営業秘密

　「VI-2．知的財産の取得・活用について」という項目では，「ノウハウ・営業秘密」が，平均4.03を示し，最も重視されていた。次いで「商標権」3.55，特許権3.35となっていた。ただ，ダイソンなどデザインエンジニアが重視され，使い勝手のいい機能デザインが新たな付加価値を生む市場環境が広がるなか，デザインを守る「意匠権」に対する認識のずれを示すものといえるのではないか。次に知的財産の取得・活用において重視された「ノウハウ・営業秘密」と「II-1．マーケティング力について」及び「II-2．イノベーション力について」の各項目との相関係数を採ってみると，「市場シェアの獲得」「製品あるいはサービスのブランド力」「製品あるいはサービスのイノベーション」「サプライチェーン全体についてのイノベーション」等との高い相関関係を示していた。この点は，1社独自にプロダクトイノベーションを実現するというより，他社と関係においてイノベーションを創出し，市場を獲得するうえで，特許などの産業財産権より，「ノウハウ・営業秘密」を重視する経営戦略が想定できるが，これだけで十分なのかどうか，さらなる検証が求められる。

アンケート回答用紙

＜回答方法について＞

以下の各質問項目について，それぞれの項目ごとに貴社にとっての重要度を5段階評価し「丸印（○）」でご回答下さい。

　　　　5：最も重要　　4：かなり重要　　3：どちらかといえば重要
　　　　2：あまり重要でない　　1：重要でない

Ⅰ．経営全般について

Ⅰ-1.　経営理念について，それぞれの重要度をお答え下さい。

① 事業理念　　　　　　　　　　　　　　　　（ 5　4　3　2　1 ）
② 社会貢献理念　　　　　　　　　　　　　　（ 5　4　3　2　1 ）
③ 創業者理念　　　　　　　　　　　　　　　（ 5　4　3　2　1 ）
④ 環境適応理念　　　　　　　　　　　　　　（ 5　4　3　2　1 ）
⑤ ステークホルダー関係理念　　　　　　　　（ 5　4　3　2　1 ）

Ⅰ-2.　経営構想について，それぞれの重要度をお答え下さい。

① 事業構想　　　　　　　　　　　　　　　　（ 5　4　3　2　1 ）
② 企業全体構想　　　　　　　　　　　　　　（ 5　4　3　2　1 ）
③ 企業集団構想　　　　　　　　　　　　　　（ 5　4　3　2　1 ）
④ 企業グローバル化構想　　　　　　　　　　（ 5　4　3　2　1 ）
⑤ 企業・社会関係構想　　　　　　　　　　　（ 5　4　3　2　1 ）

Ⅰ-3.　意思決定内容について，それぞれの重要度をお答え下さい。

① 事業に関する意思決定　　　　　　　　　　（ 5　4　3　2　1 ）
② ガバナンスに関する意思決定　　　　　　　（ 5　4　3　2　1 ）
③ コンプライアンスに関する意思決定　　　　（ 5　4　3　2　1 ）
④ 社会的責任に関する意思決定　　　　　　　（ 5　4　3　2　1 ）
⑤ ステークホルダー関係に関する意思決定　　（ 5　4　3　2　1 ）

Ⅰ-4.　ステークホルダーについて，それぞれの重要度をお答え下さい。

① 株主　　　　　　　　　　　　　　　　　　（ 5　4　3　2　1 ）
② 従業員　　　　　　　　　　　　　　　　　（ 5　4　3　2　1 ）
③ 顧客　　　　　　　　　　　　　　　　　　（ 5　4　3　2　1 ）

④ 取引先 （5 4 3 2 1）
⑤ 社会 （5 4 3 2 1）
⑥ 自然環境 （5 4 3 2 1）

Ⅱ． 経営力について

Ⅱ-1. マーケティング力について，それぞれの重要度をお答え下さい。

① 顧客価値への対応 （5 4 3 2 1）
② マーケティングミックスへの対応 （5 4 3 2 1）
③ 市場シェアの獲得 （5 4 3 2 1）
④ マーケティング・コスト削減能力 （5 4 3 2 1）
⑤ 製品あるいはサービスのブランド力 （5 4 3 2 1）

Ⅱ-2. イノベーション力について，それぞれの重要度をお答え下さい。

① 製品あるいはサービスのイノベーション （5 4 3 2 1）
② 技術・知識のイノベーション （5 4 3 2 1）
③ 生産プロセスのイノベーション （5 4 3 2 1）
④ サプライチェーン全体についてのイノベーション （5 4 3 2 1）
⑤ 人材・人材活用のイノベーション （5 4 3 2 1）

Ⅱ-3. 財務力について，それぞれの重要度をお答え下さい。

① 借入による資金調達力 （5 4 3 2 1）
② 株式市場における資金調達力 （5 4 3 2 1）
③ 内部留保の活用による資金調達力 （5 4 3 2 1）
④ 有形資産への投資決定力 （5 4 3 2 1）
⑤ 無形資産（人的能力・ブランド力など）への投資決定力 （5 4 3 2 1）

Ⅱ-4. ガバナンス力について，それぞれの重要度をお答え下さい。

① 取締役［会］の意思決定力 （5 4 3 2 1）
② 最高経営者（社長）の意思決定力 （5 4 3 2 1）
③ ステークホルダーとの対抗力 （5 4 3 2 1）
④ コンプライアンス力 （5 4 3 2 1）
⑤ 内部統制および危機管理力 （5 4 3 2 1）

Ⅱ-5.　企業の社会的責任力（CSR力）について，それぞれの重要度をお答え下さい。
　① 経営倫理責任　　　　　　　　　　　　　　（ 5　4　3　2　1 ）
　② コンプライアンス　　　　　　　　　　　　（ 5　4　3　2　1 ）
　③ 企業の持続的成長責任　　　　　　　　　　（ 5　4　3　2　1 ）
　④ 企業社会貢献活動　　　　　　　　　　　　（ 5　4　3　2　1 ）
　⑤ コーポレート・シティズンシップ（企業市民）（ 5　4　3　2　1 ）

Ⅲ.　経営者能力について
Ⅲ-1.　経営者としてグローバル化との関係で，それぞれの重要度をお答え下さい。
　① グローバル人材の確保　　　　　　　　　　（ 5　4　3　2　1 ）
　② 国際経営者・管理者育成　　　　　　　　　（ 5　4　3　2　1 ）
　③ 日本的雇用慣行の堅持（年功序列制・終身雇用制・企業別労働組合）
　　　　　　　　　　　　　　　　　　　　　　（ 5　4　3　2　1 ）
　④ 世界の優秀な人材の確保　　　　　　　　　（ 5　4　3　2　1 ）
　⑤ 日本本社の国際化（内なる国際化）　　　　（ 5　4　3　2　1 ）
　⑥ ダイバーシティ人材による経営　　　　　　（ 5　4　3　2　1 ）
　⑦ 国際的提携やM＆Aを駆使した企業成長　　（ 5　4　3　2　1 ）
　⑧ コーポレート・ガバナンス　　　　　　　　（ 5　4　3　2　1 ）

Ⅲ-2.　トップ経営者になるための資質として，それぞれの重要度をお答え下さい。
　① 頭脳明晰　　　　　　　　　　　　　　　　（ 5　4　3　2　1 ）
　② 声が大きいこと　　　　　　　　　　　　　（ 5　4　3　2　1 ）
　③ 外観（容姿など）　　　　　　　　　　　　（ 5　4　3　2　1 ）
　④ 胆力（人間としての器）　　　　　　　　　（ 5　4　3　2　1 ）
　⑤ 有力大学卒　　　　　　　　　　　　　　　（ 5　4　3　2　1 ）
　⑥ オーナー一族（血縁）　　　　　　　　　　（ 5　4　3　2　1 ）
　⑦ 優れた人間性（愛情や倫理観を含む）　　　（ 5　4　3　2　1 ）

Ⅲ-3.　M＆Aについて，それぞれの重要度をお答え下さい。
　① 営業譲受（資産取得）　　　　　　　　　　（ 5　4　3　2　1 ）
　② 営業譲渡（資産売却）　　　　　　　　　　（ 5　4　3　2　1 ）
　③ MBO（マネジメント・バイアウト）　　　（ 5　4　3　2　1 ）
　④ 市場での株式買い付け　　　　　　　　　　（ 5　4　3　2　1 ）
　⑤ 第三者割当増資による新株引受　　　　　　（ 5　4　3　2　1 ）
　⑥ 友好的株式公開買い付け　　　　　　　　　（ 5　4　3　2　1 ）

⑦ 非友好的株式公開買い付け （ 5　4　3　2　1 ）

Ⅲ-4.　地球環境問題に対する企業の取り組みについて，それぞれの重要度をお答え下さい。

① 地球温暖化 （ 5　4　3　2　1 ）
② 廃棄物処理 （ 5　4　3　2　1 ）
③ 省エネ製品・エコ製品の開発 （ 5　4　3　2　1 ）
④ 有害物質削減 （ 5　4　3　2　1 ）
⑤ エコマインドの醸成 （ 5　4　3　2　1 ）
⑥ 製造物責任 （ 5　4　3　2　1 ）
⑦ クリーンテクノロジー （ 5　4　3　2　1 ）

Ⅳ.　管理者能力について

Ⅳ-1.　管理者に必要な能力について，それぞれの重要度をお答え下さい。

① 情報処理能力 （ 5　4　3　2　1 ）
② 政策形成力 （ 5　4　3　2　1 ）
③ 部下の育成能力 （ 5　4　3　2　1 ）
④ 上司のパワーをつかいこなせる能力 （ 5　4　3　2　1 ）
⑤ コミュニケーション能力 （ 5　4　3　2　1 ）
⑥ リーダーシップ （ 5　4　3　2　1 ）
⑦ 責任感 （ 5　4　3　2　1 ）
⑧ 熱意・チャレンジ精神 （ 5　4　3　2　1 ）

Ⅳ-2.　管理者として必要とされる資質について，それぞれの重要度をお答え下さい。

① 頭脳明晰 （ 5　4　3　2　1 ）
② 体力 （ 5　4　3　2　1 ）
③ 胆力（精神力） （ 5　4　3　2　1 ）
④ 人柄・人望・人間的魅力 （ 5　4　3　2　1 ）
⑤ 家柄・家庭環境 （ 5　4　3　2　1 ）
⑥ 学歴（有力大学卒) （ 5　4　3　2　1 ）
⑦ 外観（容姿など） （ 5　4　3　2　1 ）

Ⅴ．アジアへの進出
Ⅴ-1．アジアへの進出について，お答え下さい。
　①する
　②しない

Ⅴ-2．アジアへ進出する場合，アジアへの進出形態について，それぞれの重要度をお答え下さい。
　①代理店・商社利用　　　　　　　　　　　　（ 5　4　3　2　1 ）
　②合弁　　　　　　　　　　　　　　　　　　（ 5　4　3　2　1 ）
　③独資　　　　　　　　　　　　　　　　　　（ 5　4　3　2　1 ）
　④M＆A　　　　　　　　　　　　　　　　　（ 5　4　3　2　1 ）

Ⅴ-3．アジアへ進出する際の条件について，それぞれの重要度をお答え下さい。
　①立地条件　　　　　　　　　　　　　　　　（ 5　4　3　2　1 ）
　②労働力確保　　　　　　　　　　　　　　　（ 5　4　3　2　1 ）
　③原材料等の物的資源の優位性　　　　　　　（ 5　4　3　2　1 ）
　④海外進出のための資金の調達　　　　　　　（ 5　4　3　2　1 ）
　⑤市場へのアクセス　　　　　　　　　　　　（ 5　4　3　2　1 ）
　⑥税制等の優遇策　　　　　　　　　　　　　（ 5　4　3　2　1 ）
　⑦法整備の水準　　　　　　　　　　　　　　（ 5　4　3　2　1 ）

Ⅵ．知的財産について
Ⅵ-1．知的財産の取得の目的について，以下の項目の重要度をお答え下さい。
　①自社の研究・開発能力の向上　　　　　　　（ 5　4　3　2　1 ）
　②高付加価値製品の開発　　　　　　　　　　（ 5　4　3　2　1 ）
　③販路の維持・開拓　　　　　　　　　　　　（ 5　4　3　2　1 ）
　④参入障壁及び競争会社への対抗力　　　　　（ 5　4　3　2　1 ）
　⑤独自性のPR・広告宣伝の手段　　　　　　（ 5　4　3　2　1 ）
　⑥許諾による収益性の向上　　　　　　　　　（ 5　4　3　2　1 ）

Ⅵ-2．知的財産の取得・活用について，それぞれの重要度をお答え下さい。
　①特許権　　　　　　　　　　　　　　　　　（ 5　4　3　2　1 ）
　②実用新案権　　　　　　　　　　　　　　　（ 5　4　3　2　1 ）
　③意匠権　　　　　　　　　　　　　　　　　（ 5　4　3　2　1 ）
　④商標権　　　　　　　　　　　　　　　　　（ 5　4　3　2　1 ）

⑤ 著作権　　　　　　　　　　　　　　　　　　（ 5　4　3　2　1 ）
⑥ ノウハウ・営業秘密　　　　　　　　　　　　（ 5　4　3　2　1 ）

ご協力ありがとうございました。よろしければ，次のご記入をお願いいたします。

貴社名	
回答者御役職	
回答者御氏名	

■編者紹介

東洋大学経営力創成研究センター

本研究センターは，平成26年度の文部科学省による私立大学戦略的研究基盤形成支援事業の認可を受け，統一テーマ「スモールビジネス・マネジメントの創造と国際的企業家育成の研究」のもとに研究活動に取り組んでいます。

センター長・編集責任者　井上善海

〒112-8606
東京都文京区白山5-28-20
TEL：03-3945-7398
FAX：03-3945-7396
E-mail：ml-rcm@toyo.jp

スモールビジネスの創造とマネジメント

2017年2月28日　第一版第一刷発行

編　者　東洋大学経営力創成
　　　　研 究 セ ン タ ー

発行所　㈱ 学 文 社

発行者　田 中 千 津 子

〒153-0064　東京都目黒区下目黒3−6−1
電話(03)3715-1501(代表)　振替00130-9-98842
http://www.gakubunsha.com

印刷／新灯印刷
〈検印省略〉

ISBN 978-4-7620-2711-6

東洋大学経営力創成研究センター　編著本　紹介

Research Center for Creative Management ,
Toyo University

経営力創成の研究

本体2600円＋税

ISBN978-4-7620-1919-7
C3034　A5判　280頁

文部科学省のオープン・リサーチ・センターとして
設立された東洋大学経営力創成研究センター。「日
本発マネジメント・マーケティング・テクノロジー
による新しい競争力の創成」のテーマのもと、同セ
ンターの研究活動の成果として13の論文を収録。

経営者と管理者の研究

本体2800円＋税

ISBN978-4-7620-2239-5
C3034　A5判　256頁

「日本発経営力の創成と『新・日本流』経営者・管理者
教育の研究」の研究をもとに展開した8篇の論文を掲
載。経営力創成、経営者教育、管理者教育の研究に関
わる内容で構成。「『新・日本流』経営者・管理者教育
に関するアンケート調査中間報告書」も掲載。

日本企業の経営力創成と
経営者・管理者教育

本体2600円＋税

ISBN978-4-7620-2422-1
C3034　A５判　224頁

日本企業の発展のため、従来の日本的経営から新し
い国際的に通用しうる日本型経営の進化が求められ
ている。共同研究の成果を国内、国内外への企業の
実践家、研究者へ発信することを狙うと同時に、新
たな日本企業の日本型経営の可能性を検討する。